150점
더
올려주는

토익시험
꼭 나
「회화표현 800」

KB067002

Koike Naomi

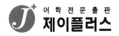

어학전문출판
제이플러스

이 책에서는 토익시험 듣기 문제에 자주 출제되는 「영어 회화 관용 표현」을 엄선하여, 단기간에 암기할 수 있도록 고안해 보았습니다. 토익시험 듣기 문제에 대처하기 위해서는 단순히 CD만 듣는 것으로는 효율적이지 못합니다. 왜냐하면 모르는 단어는 알아들을 수 없기 때문입니다. 「영어회화 관용 표현」에 대한 기초 지식이 없으면, CD에서 나오는 회화문을 몇 번씩 듣더라도 전혀 그 의미를 이해할 수 없어 시간 낭비로 끝나버리기 때문입니다.

이 책에서는 엄선한 「회화 표현」을 집중적으로 마스터할 수 있도록 전체로 2부로 구성하여, Unit 1에서는 2단어로 된 회화 표현에서 6단어 이상으로 구성된 회화표현까지, 전체를 쉬운 것부터 어려운 것까지 차근차근 익혀 갈 수 있도록 구성하였습니다. Unit 2는 Unit 1에서 배운 지식의 재확인용으로 또한 새로운 표현에 대한 확인이 가능하도록 주요 표현을 중심으로 구성해 보았습니다. 따라서 Unit 1에서 배운 구문이 Unit 2에서 다시 나오기도 하지만, 이것은 심리학적 관점에서 의도적으로 기억에 오래 남도록 한 것입니다. 반복 또 반복 체크함으로써 Unit 1에서 배운 지식을 Unit 2에서 확실하게 정착시켜 주세요.

작은 책이므로 주머니에 늘 넣고 다니며 자투리시간을 잘 활용함으로써 이 책의 내용을 철저하게 마스터하여 부디 영어 커뮤니케이션 능력 배양과 더불어, 자신감을 가지고 토익시험에 임하시길 바랍니다.

Koike Naomi

CONTENTS

독자 여러분께

이 책은 TOEIC 시험에 잘 나오는 「회화 표현」을 효과적으로 기억하기 위하여 2부로 구성하였습니다. Unit 1에서는 가장 중요한 표현을 모아 기억하기 좋게 ABC순으로 정리하고, Unit 2에서는 잘 나오는 「회화 표현」을 가다나순으로 다시 정리하여 찾기 쉽게 구성하였습니다. 1부와 2부의 표현은 대부분 중복되므로 다른 각도에서 여러 번 읽음으로써 기억에 오래 남는 효과를 가져올 수 있습니다.

단어수에 따라 리드미컬하게 외우는
잘 나오는 기본 회화 표현

001 ☐ Afraid so.

002 ☐ After you.

003 ☐ All right.

004 ☐ All set.

005 ☐ Allow me.

006 ☐ Anything else?

007 ☐ Anything's possible.

008 ☐ Appreciate it.

009 ☐ Back off!

010 ☐ Beats me.

011 ☐ Behave yourself.

012 ☐ Big deal.

013 ☐ Bless you!

014 ☐ Bottoms up!

- [ ] 아무래도 그렇겠죠. (안 좋은 내용에 동의할 때)

- [ ] 먼저 하세요.

- [ ] 할 수 없군. / 알았어.

- [ ] 준비 완료.

- [ ] 하게 해 주세요.

- [ ] 그밖에는요?

- [ ] 뭐든지 가능해요.

- [ ] 고마워요.

- [ ] 나가!

- [ ] 내가 알 턱이 없지.

- [ ] 얌전히 있어.

- [ ] 별 거 아니야.

- [ ] 조심하세요! (상대방이 재채기를 할 때)

- [ ] 원샷!

015 ☐ **Butt out!**

016 ☐ **Bye now.**

017 ☐ **Calm down!**

018 ☐ **Can't complain.**

019 ☐ **Can't say.**

020 ☐ **Case closed.**

021 ☐ **Certainly not.**

022 ☐ **Chill out.**

023 ☐ **Chin up!**

024 ☐ **Close call!**

025 ☐ **Come again?**

026 ☐ **Come clean.**

027 ☐ **Come on!**

028 ☐ **Cool it.**

029 ☐ **Could be.**

030 ☐ **Could you?**

031 ☐ **Damn it!**

- [ ] 참견하지 마세요!

- [ ] 그럼 안녕.

- [ ] 진정해요!

- [ ] 그런대로 괜찮아요.

- [ ] 말도 마요.

- [ ] 이제 그만해.

- [ ] 물론, 아니죠.

- [ ] 진정해요.

- [ ] 기운 내요!

- [ ] 겨우 살았네! / 위기일발!

- [ ] 뭐라고요? 다시 한 번 말해 주세요.

- [ ] 다 털어놔 봐.

- [ ] 이봐! / 빨리 해 봐! / 제발!

- [ ] 침착하세요.

- [ ] 그럴지도 몰라요.

- [ ] 그래 줄래요?

- [ ] 제기랄!

032 ☐ **Definitely not.**

033 ☐ **Dig in!**

034 ☐ **Don't bother.**

035 ☐ **Don't know.**

036 ☐ **Drop it!**

037 ☐ **Enough's enough.**

038 ☐ **Everyone does?**

039 ☐ **Everything okay?**

040 ☐ **Excuse me?**

041 ☐ **Face it.**

042 ☐ **Fair enough.**

043 ☐ **Far-out!**

044 ☐ **Fat chance.**

045 ☐ **Fat lie!**

046 ☐ **For sure.**

047 ☐ **Forget it.**

□ 물론 아니죠. / 절대 싫어요.

□ 많이 먹어! / 자, 드세요.

→ dig in은 원래 '(흙을) 파다'라는 뜻.

□ 신경 쓰지 마세요.

□ 모르겠어요.

□ 그만둬!

□ 제발 그만해요.

□ 다들 그렇지 않나요?

□ 별 문제 없죠?

□ 뭐라고요?

□ 어쩔 수 없지 뭐. / 현실을 직시해.

□ 그것 괜찮겠네. (제안에 대해)

□ 멋진데!

□ 가능성이 희박해요. / 설마!

□ 말도 안 되는 거짓말!

□ 물론이죠.

□ 잊어버려. / 괜찮아. (사과에 대해)

048 ☐ **Get dressed.**

049 ☐ **Get lost!**

050 ☐ **Get real.**

051 ☐ **Go ahead.**

052 ☐ **Go easy.**

053 ☐ **Go on.**

054 ☐ **Good buy.**

055 ☐ **Good choice.**

056 ☐ **Good going!**

057 ☐ **Good grief!**

058 ☐ **Good grub!**

059 ☐ **Good guess.**

060 ☐ **Good job!**

061 ☐ **Good luck!**

062 ☐ **Good point.**

063 ☐ **Good question.**

064 ☐ **Good thinking.**

- ☐ 옷 갈아입어라.

- ☐ 저리 비켜! / 꺼져 버려!

- ☐ 현실을 보라구.

- ☐ 계속하세요.

- ☐ 긴장하지 말아요.

- ☐ 계속해 봐.

- ☐ 잘 샀네요.

- ☐ 잘 골랐어요.

- ☐ 잘한다!

- ☐ 맙소사!

- ☐ 잘 먹었어요.

- ☐ 알아 맞혔네요. / 정답이에요.

- ☐ 잘했어요!

- ☐ 열심히 해! / 행운을 빌어!

- ☐ 좋은 지적이에요.

- ☐ 좋은 질문이에요.

- ☐ 그것도 그렇군. / 좋은 생각이야.

065 ☐ **Got it.**

066 ☐ **(You) Got me.**

067 ☐ **Grow up!**

068 ☐ **Guess what?**

069 ☐ **Guess who?**

070 ☐ **Had better.**

071 ☐ **Hang on.**

072 ☐ **Have fun.**

073 ☐ **He's history.**

074 ☐ **He's loaded.**

075 ☐ **He's taken.**

076 ☐ **Heads up!**

077 ☐ **Hello there!**

078 ☐ **Help yourself.**

079 ☐ **Hold on.**

080 ☐ **Hold still.**

- [ ] 알았어요.

- [ ] 모르겠는데요.

- [ ] 철 좀 들어라!

- [ ] 맞혀 보세요.

- [ ] 누구게?

- [ ] 그렇지도 않아요.

- [ ] 잠시만요.

- [ ] 재미있게 보내세요.

- [ ] 그는 이미 과거의 남자예요.

- [ ] 그는 완전히 취했어요.

    ➡ '돈이 많다'는 뜻으로도 쓸 수 있다.

- [ ] 그는 임자 있는 몸이에요.

- [ ] 머리 조심!

- [ ] 안녕!

- [ ] 마음껏 드세요.

- [ ] 잠시만요. (전화상에서)

- [ ] 기다려봐요.

081 ☐ **Holy cow!**

082 ☐ **Holy smokes!**

083 ☐ **Hope not.**

084 ☐ **Hope so.**

085 ☐ **How come?**

086 ☐ **How convenient!**

087 ☐ **How disgusting!**

088 ☐ **How nice!**

089 ☐ **How true.**

090 ☐ **I guess.**

091 ☐ **I scored.**

092 ☐ **I see.**

093 ☐ **I swear.**

094 ☐ **I wouldn't.**

095 ☐ **I'm available.**

096 ☐ **I'm beat.**

097 ☐ **I'm broke.**

- [ ] 어머나! / 대단하다! / 뭐야 이건?

- [ ] 도대체 어떻게 된 거지? (분노, 실망)

- [ ] 그렇지 않길 바래요.

- [ ] 그러길 바래요.

- [ ] 어째서?

- [ ] 정말 편리해!

- [ ] 정말 역겨워요.

- [ ] 멋져!

- [ ] 정말!

- [ ] 그럴 것 같아요.

- [ ] 성공이야!

- [ ] 알겠어요.

- [ ] 장담해요.

- [ ] 나라면 안 그럴 거예요.

- [ ] 지금 사귀는 사람 없어요.

- [ ] 지쳤어요! / 피곤해 죽겠어.

- [ ] 완전 파산이야.

098 ☐ I'm clueless.

099 ☐ I'm flattered.

100 ☐ I'm full.

101 ☐ I'm game!

102 ☐ I'm gung-ho!

103 ☐ I'm home.

104 ☐ I'm hooked.

105 ☐ I'm impressed.

106 ☐ I'm in.

107 ☐ I'm moved.

108 ☐ I'm off.

109 ☐ I'm speechless!

110 ☐ I'm starving!

111 ☐ It happens.

112 ☐ It's bleeding.

☐ 도통 모르겠는데요.

☐ 아부라도 듣기 좋네요.

☐ 배불러요.

☐ 나도 할래. / 나도 껴 줘!

➡ I'm in. 도 같은 뜻.

☐ 의욕이 가득해요.

☐ 다녀왔습니다.

☐ 완전히 푹 빠져 있어! (무엇에 심취하거나 빠져 있을 때)

➡ be hooked on drugs 마약에 중독되다

☐ 감동 받았어요.

☐ 나도 할래요. / 나도 낄래.

☐ 감동받았어요.

☐ 먼저 퇴근할게요.

☐ 말이 안 나오네! (놀람)

☐ 배고파 죽겠어요!

☐ 그럴 수도 있지!

☐ 피가 나요.

113 ☐ It's nothing.

114 ☐ It's you!

115 ☐ Just checking.

116 ☐ Just great.

117 ☐ Kind of.

118 ☐ Knock'em dead.

119 ☐ Know what?

120 ☐ Let's move.

121 ☐ Let's party!

122 ☐ Let's scream!

123 ☐ Let's see.

124 ☐ Let's talk.

125 ☐ Like this?

126 ☐ Lock it.

127 ☐ Look here.

128 ☐ Love it!

☐ 아무것도 아니예요.

☐ 너한테 딱이야!

☐ 그냥 확인하는 거예요. / 물어보는 거예요.

☐ 아주 좋아요.

☐ 뭐 그런 편이죠.

☐ 실력 발휘 한번 해봐!

☐ 그거 말이야. / 있잖아. (상대방의 주의를 끌기 위해)

☐ 이제 출발하죠.

☐ 신나게 놀아 봅시다!

☐ 튀어!

⇒ scramble(긴급 발진)에서 유래.

☐ 어디 한번 볼까요. / 음 그러니까….

☐ 얘기 좀 해요.

☐ 이렇게요?

☐ 열쇠, 잠궈! / 잠궈요!

☐ 여기 좀 봐. / 잠깐만.

☐ 정말 마음에 들어요.

129 ☐ **Lucky you!**

130 ☐ **Make way.**

131 ☐ **Makes sense.**

132 ☐ **Maybe so.**

133 ☐ **Me neither.**

134 ☐ **My treat.**

135 ☐ **Never know.**

136 ☐ **Never mind.**

137 ☐ **Nice going!**

138 ☐ **Nice try.**

139 ☐ **No chance.**

140 ☐ **No doubt.**

141 ☐ **No joking.**

142 ☐ **No kidding.**

143 ☐ **No need.**

144 ☐ **No sweat.**

145 ☐ **No trouble.**

- [ ] 운이 좋군요!

- [ ] 좀 지나갈게요, 비켜 주세요!

- [ ] 말 되네요.

- [ ] 아마도 그럴 거예요.

- [ ] 나도 그래요. / 나도 마찬가지예요.

- [ ] 내가 살게요. / 한턱 낼게요.

- [ ] 아무도 모르죠.

- [ ] 신경 쓰지 마세요.

- [ ] 잘하고 있어!

- [ ] 시도는 좋았어요.

- [ ] 가망 없어요.

- [ ] 확실해요.

- [ ] 농담 아니예요.

- [ ] 농담 아냐!

- [ ] 그럴 필요 없어요.

- [ ] 걱정 마! / 식은 죽 먹기야.

- [ ] 상관없어요. / 괜찮아요.

146 ☐ **No way!**

147 ☐ **No wonder.**

148 ☐ **Not again.**

149 ☐ **Not exactly.**

150 ☐ **Not likely.**

151 ☐ **Not quite.**

152 ☐ **Not really!**

153 ☐ **Nothing doing.**

154 ☐ **Nothing much.**

155 ☐ **Now what?**

156 ☐ **Oh, yeah?**

157 ☐ **Piss off!**

158 ☐ **Poor thing.**

159 ☐ **Right away.**

160 ☐ **Right on.**

161 ☐ **Safety first.**

162 ☐ **Same here.**

- [ ] 절대로 안 돼! / 싫어!

- [ ] 어쩐지. / 그도 그럴 것이.

- [ ] 또야?

- [ ] 꼭 그런 건 아니에요.

- [ ] 어림없는 소리! / 설마!

- [ ] 그 정도는 아니에요.

- [ ] 꼭 그렇지만은 않아.

- [ ] 절대 안 돼! / 안 되겠어!

- [ ] 특별히 이렇다할 만한 게 없어요.

- [ ] 이번에는 또 뭐야?

- [ ] 그래요?

- [ ] 꺼져 버려!

- [ ] 불쌍하기도 하지. / 안됐네요.

- [ ] 지금 당장.

- [ ] 옳소.

- [ ] 안전이 제일이야.

- [ ] 저도 마찬가지예요. / 나도 그래요. (동감)

163 ☐ **Save it.**

164 ☐ **Say what?**

165 ☐ **Says who?**

166 ☐ **Says you!**

167 ☐ **Scoot over.**

168 ☐ **Screw you!**

169 ☐ **Seen worse.**

170 ☐ **Since when?**

171 ☐ **Sleep tight.**

172 ☐ **Slow down.**

173 ☐ **So what?**

174 ☐ **So-so.**

175 ☐ **Some nerve.**

176 ☐ **Something's fishy.**

177 ☐ **Something's funny.**

☐ 거짓말하지 말아요.

☐ 뭐라고요?

☐ 누가 그래요?

☐ 그런 터무니없는 소리를!

☐ 조금만 안으로 들어가 주세요.

➡ scoot 앉은 채로 옆으로 움직이다

= Slide over. / Move over.

☐ 에잇! (화가 났을 때)

☐ 별일 아니야.

☐ 언제부터? / 처음 듣는 얘긴데.

☐ 잘 자요.

☐ 진정해요.

☐ 그래서 어쨌는데요?

☐ 그냥 그래요.

☐ 뻔뻔하긴!

☐ 수상한데.

☐ 뭔가 좀 이상해.

178 ☐ **Sort of.**

179 ☐ **Sounds awful!**

180 ☐ **Sounds fun.**

181 ☐ **Sounds good.**

182 ☐ **Sounds great.**

183 ☐ **Spare me.**

184 ☐ **Speak up!**

185 ☐ **Stay put.**

186 ☐ **Sue me.**

187 ☐ **Suit yourself.**

188 ☐ **Sure thing.**

189 ☐ **Take care!**

190 ☐ **That depends.**

191 ☐ **That figures.**

192 ☐ **That sucks.**

193 ☐ **That's all.**

194 ☐ **That's baloney.**

☐ 뭐 그런 편이죠.

☐ 끔찍하군요.

☐ 그거 재미있겠는데요.

☐ 좋은 생각이야.

☐ 아주 좋을 것 같은데요.

☐ 용서해 줘.

☐ 좀더 큰 소리로 말해 주세요!

☐ 가만 있어 봐!

☐ 어디 마음대로 해봐요. (허풍은…)

☐ 좋을 대로 하세요. / 마음대로 하세요.

☐ 그렇고말고. / 물론.

☐ 잘 지내요!

☐ 상황에 따라 다르죠. / 그때 그때 달라요.

☐ 당연하지!

☐ 정말 형편없어. / 순 엉터리잖아.

☐ 그게 다예요.

☐ 실없는 소리!

195 ☐ **That's bullshit.**

196 ☐ **That's cool!**

197 ☐ **That's disgusting.**

198 ☐ **That's enough!**

199 ☐ **That's it.**

200 ☐ **That's life.**

201 ☐ **That's neat.**

202 ☐ **That's something!**

203 ☐ **That's that.**

204 ☐ **That's uncanny.**

205 ☐ **That's weird.**

206 ☐ **That's why.**①

207 ☐ **That's why.**②

208 ☐ **Think twice.**

209 ☐ **Time's up.**

210 ☐ **Times flies.**

211 ☐ **To go.**

- [ ] 거짓말쟁이. / 순 엉터리.

- [ ] 멋진데!

- [ ] 지긋지긋해!

- [ ] 이제 그만해요!

- [ ] 바로 그거야.

- [ ] 할 수 없지 뭐. / 인생이 뭐 그렇지.

- [ ] 멋지다! / 잘했어!

- [ ] 그것 괜찮은데요! / 대단해!

- [ ] 그걸로 끝이에요.

- [ ] 그거 이상한데.

- [ ] 이상하군요.

- [ ] 그게 이유예요.

- [ ] 그랬었구나.

- [ ] 다시 생각해 봐요.

- [ ] 이제 시간 다 되었어요.

- [ ] 시간이 참 빨리 가는군요.

- [ ] 포장해 주세요.

212 ☐ **Told you.**

213 ☐ **Too bad.**

214 ☐ **Totally stylish.**

215 ☐ **Try this.**

216 ☐ **Unlock it.**

217 ☐ **Very funny.**

218 ☐ **Wanna ride?**

219 ☐ **Watch out!**

220 ☐ **Well done!**

221 ☐ **Well said.**

222 ☐ **What for?**

223 ☐ **What gives?**

224 ☐ **What happened?**

225 ☐ **What nerve!**

226 ☐ **What's new?**

227 ☐ **What's on?**

228 ☐ **What's wrong?**

- [ ] 그것 봐! 내가 뭐라 그랬니?

- [ ] 너무 안됐네요.

- [ ] 너무 멋져요.

- [ ] 한번 먹어 봐. / 한번 해 봐.

- [ ] 열쇠, 열어! / 풀어요!

- [ ] 그래, 재미있기도 하겠지.

- [ ] 태워다 드릴까요?

- [ ] 조심해! / 위험해!

- [ ] 잘했어!

- [ ] 지당하신 말씀!

- [ ] 무엇 때문에?

- [ ] 무슨 일이야? / 어떻게 된 거야?

- [ ] 무슨 일인데요?

- [ ] 참 뻔뻔하네요!

- [ ] 별일 없지? / 요즘 어때?

- [ ] 텔레비전에 지금 뭐해요?

- [ ] 무슨 일이에요?

229 ☐ **Where to?**

230 ☐ **Who cares?**

231 ☐ **Why me?**

232 ☐ **Why not?**

233 ☐ **Why's that?**

234 ☐ **Will do.**

235 ☐ **You again!**

236 ☐ **You bet!**

237 ☐ **You bonehead.**

238 ☐ **You mind?**

239 ☐ **You moron!**

240 ☐ **You see?**

241 ☐ **You're grounded.**

242 ☐ **You're happy-go-lucky.**

243 ☐ **You're trespassing.**

244 ☐ **You'll see.**

□ 어디로 가죠?

□ 알게 뭐야. / 아무래도 상관없어.

□ 왜 하필 전데요?

□ 좋지! (동의)

□ 그건 또 왜요?

□ 나한테 맡겨. / 알았어! / 좋아!

□ 또 만났네요!

□ 틀림없어!

□ 이 바보!

□ 그만 좀 할래?

□ 바보 같으니라구!

□ 봤지? / 내가 말한 대로지?

□ 외출 금지야!

□ 천하태평이구나.

□ 무단 침입이야.

□ 곧 알게 될 거예요.

001 ☐ Anything you say.

002 ☐ Anytime you're ready.

003 ☐ Are you nuts?

004 ☐ Are you serious?

005 ☐ Be a pal.

006 ☐ Bite the bullet.

007 ☐ Break a leg!

008 ☐ Could be better.

009 ☐ Cut it out.

010 ☐ Don't blame me.

011 ☐ Don't bug me.

012 ☐ Don't freak out!

☐ 네네, 말씀만 하세요.

☐ 당신만 준비되면 언제든지 상관없어요.

☐ 제 정신이야?

⇒ nuts는 '바보, 머리가 이상하다' 는 뜻.

☐ 진심이에요? / 정말이에요?

☐ 친구잖아!

☐ 마음 단단히 먹어요!

☐ 성공을 빌어! / 잘해!

⇒ 직역은 '다리를 부러뜨리다' 이지만, 그와 정반대로 사용한다.

☐ 그저 그런데요.

☐ 그만둬! / 닥쳐!

☐ 나만 뭐라고 하지 마.

☐ 귀찮게 좀 하지 마!

☐ 정신 차려!

013 ☐ **Don't go nuts!**

014 ☐ **Don't hold back.**

015 ☐ **Don't we all?**

016 ☐ **Don't you dare.**

017 ☐ **Dry yourself off.**

018 ☐ **Easy does it.**

019 ☐ **Get a clue.**

020 ☐ **Get over it.**

021 ☐ **Give me five!**

022 ☐ **Good for you.**

023 ☐ **Good job today.**

024 ☐ **Got a minute?**

025 ☐ **Have we met (before)?**

026 ☐ **He dumped me.**

☐ 흥분하지 마세요.

☐ 빼지 마세요. / 망설이지 마세요.

☐ 다들 그렇지 않나요? / 나만 그런가?

☐ 건방지군.

☐ 다 털어버려요.

☐ 침착하게 해 보세요! / 서두르지 마세요!

☐ 아직도 모르겠어?

　　➡ clue 단서

☐ 잊어버려. / 적당히 넘어가.

☐ 하이파이브!

☐ 잘했어요. / 제법인데~.

☐ 오늘 수고했어요.

☐ 잠깐 시간 있어요?

☐ 우리가 만난 적이 있나요?

☐ 그가 날 찼어요.

　　➡ dump는 '털썩 내려놓다'라는 뜻이 있는데, 여기서는 '귀

　　찮은 것을 없애다, (애인을) 버리다'라는 뜻으로 사용된다.

027 ☐ He is mine.

028 ☐ He's my mentor.

029 ☐ How about you?

030 ☐ How many more?

031 ☐ How was it?

032 ☐ I blew it.

033 ☐ I cram up.

034 ☐ I got it.

035 ☐ I got soaked.

036 ☐ I guessed wrong.

037 ☐ I have diarrhea.

038 ☐ I knew it.

039 ☐ I mean it.

040 ☐ I screwed up.

041 ☐ I struck out.

☐ 그는 내가 찜했어.

☐ 그분은 내 정신적 지주예요.

☐ 넌 어때? / 너는?

☐ 얼마나 남았어요?

☐ 어땠어요?

☐ 내가 다 망쳐버렸어요. / 내가 정신이 나갔나봐.

☐ 벼락치기 했어요.

☐ 감 잡았어! / 알겠어!

☐ 완전히 빈털터리예요.

➡ '완전히 젖다'라는 뜻도 있다.

☐ 내가 잘못 생각했네요.

☐ 설사를 해요.

☐ 그럴 줄 알았어.

☐ 진심이에요. / 정말이에요.

☐ 난 망했어.

➡ You're such a screw-up. 이 실수투성이야!

☐ 나 차였어!

042 ☐ I vegged out.

043 ☐ I was mortified.

044 ☐ I was petrified.

045 ☐ I'm flat broke.

046 ☐ I'm half dead.

047 ☐ I'm not athletic.

048 ☐ I'm really full.

049 ☐ I'm so full!

050 ☐ I'm telling you.

051 ☐ I'm turning red.

052 ☐ I'd better not.

053 ☐ I've been hurt.

054 ☐ I've had it.

055 ☐ I've seen better.

056 ☐ I've treated myself.

☐ 그냥 빈둥거렸어요.

☐ 정말 분해!

☐ 깜짝 놀랐어요.

⇒ petrified는 '석화(石火)한, 굳은'의 뜻이 있다.

☐ 나 한푼도 없어요.

⇒ broke는 '빈털터리의, 파산한'의 의미를 가진다.

☐ 거의 반죽음 상태야. / 피곤해 죽겠어.

☐ 운동은 잘 못해요.

☐ 정말 배불러요.

☐ 충분히 먹었어요. / 정말 배불러요.

☐ 정말이라니까. / 내가 말하잖아.

☐ 얼굴이 빨개졌어요.

☐ 하지 않는 게 낫겠어요.

☐ 다쳤어요.

☐ 참는 것도 한계가 있어.

☐ 그저 그런 것 같은데.

☐ 큰 맘 먹었어요.

057 ☐ I'll get it.

058 ☐ I'd rather not.

059 ☐ In your dreams.

060 ☐ Isn't that something?

061 ☐ It was enlightening.

062 ☐ It's a deal.

063 ☐ It's closing time.

064 ☐ It's getting complicated.

065 ☐ It's my turn.

066 ☐ It's pretty good.

067 ☐ It's upside down.

068 ☐ Keep the change.

069 ☐ Knock it off!

070 ☐ Let's draw straws.

071 ☐ Let's go Dutch.

072 ☐ Let's pig out!

073 ☐ Let's play hooky.

☐ 제가 받을게요. (전화)

☐ 차라리 하지 않는 게 좋겠어요.

☐ 꿈도 야무지지! / 그렇게는 안될걸!

☐ 대단하지 않니?

☐ 아주 유익했어요.

☐ 그럼, 그렇게 하죠!

☐ 문 닫을 시간입니다.

☐ 갈수록 일이 꼬이는군.

☐ 내 차례예요.

☐ 아주 좋은데요.

☐ 엉망진창이네요.

☐ 잔돈은 가져요.

☐ 조용히 해! / 뚝 그쳐!

☐ 제비뽑기로 해요.

☐ 각자 부담하자! / 더치페이로 하자!

☐ 실컷 먹자!

☐ 오늘 학교 빼먹고 놀자!

074 ☐ **Let's share it.**

075 ☐ **Let's split it.**

076 ☐ **Look who's talking.**

077 ☐ **Maybe next time.**

078 ☐ **My arms itch.**

079 ☐ **My foot's asleep!**

080 ☐ **My future stinks.**

081 ☐ **Never say never.**

082 ☐ **No hard feelings?**

083 ☐ **No more discussions.**

084 ☐ **Not this time.**

085 ☐ **On one condition.**

086 ☐ **Pull yourself together.**

087 ☐ **Quit bugging me.**

088 ☐ **Same as usual.**

089 ☐ **Seeing is believing.**

☐ 반씩 갖자! (먹을 것 등)

☐ 반으로 나누죠.

➡ spilt는 '쪼개다'의 뜻.

☐ 사돈 남말하는군!

☐ 다음에요. (거절, 지금은 불가능)

☐ 팔이 근질근질해요.

☐ 발이 저려요!

☐ 앞이 캄캄해요.

☐ 절대란 말은 하지 말아요.

☐ 화났어? / 기분 나빠?

☐ 이야기 끝났어요.

☐ 이번에는 안 돼.

☐ 조건부로.

☐ 제발 정신 차려요!

☐ 귀찮게 하지 마. / 대충 좀 하지?

☐ 다를 게 없잖아!

☐ 백문이 불여일견.

090 ☐ Separate checks, please.

091 ☐ Shame on you!

092 ☐ She's into hip-hop.

093 ☐ Sorry it's messy.

094 ☐ Stop goofing off.

095 ☐ Stop talking nonsense.

096 ☐ Take it easy.

097 ☐ Take your time.

098 ☐ Tell you what?

099 ☐ That can't be!

100 ☐ That is winding.

101 ☐ That suits you.

102 ☐ That's not right.

103 ☐ That's the pits.

104 ☐ That's the way.

105 ☐ That's very flattering.

☐ 따로 따로 계산해 주세요.

☐ 부끄러운 줄 알아!

☐ 그녀는 힙합에 푹 빠져 있어요.

☐ 지저분해서 미안해요.

☐ 바보 같은 짓 그만해요!

☐ 말도 안 되는 소리 그만해요.

☐ 편하게 생각해!

☐ 천천히 하세요.

☐ 실은 말이지. / 이야기할 게 있는데.

☐ 그럴 리가 없어! / 말도 안 돼요!

☐ 말을 너무 둘러서 하는데요.

☐ 잘 어울리는군요.

☐ 희한하네….

☐ 싫다 싫어.

   ➡ pit는 '구덩이'의 뜻.

☐ 그렇지. 바로 그거야.

☐ 과찬의 말씀이세요.

106 ☐ There's always tomorrow.

107 ☐ This beats me.

108 ☐ Watch your mouth.

109 ☐ Way to go!

110 ☐ We are set.

111 ☐ We better talk.

112 ☐ We broke up.

113 ☐ We're doing great!

114 ☐ We're got chemistry!

115 ☐ We're in sync.

116 ☐ What a pain!

117 ☐ What a relief!

118 ☐ What a rip-off!

119 ☐ What a waste!

120 ☐ What rotten luck.

- [ ] 언제나 희망은 있어요.

- [ ] 골 때리는군. / 큰일났군.

- [ ] 말을 조심해라.

- [ ] 파이팅! / 좋았어!

- [ ] 끝났다! / 준비됐어요.

- [ ] 툭 터놓고 한번 얘기해봐요.

- [ ] 우리 헤어졌어요.

- [ ] 우리 잘 지내고 있어요!

- [ ] 우린 뭔가 통하는 게 있군요!

  ➡ chemistry는 '공통점'이라는 뜻이다.

- [ ] 통하는 데가 있어!

- [ ] 골치 아파! / 눈엣가시야! (짜증나게 하는 사람)

- [ ] 정말 다행이야!

- [ ] 완전히 바가지잖아!

  ➡ This shop ripped me off.

- [ ] 아까워라!

- [ ] 정말 재수가 없어.

121 ☐ What's for dinner?

122 ☐ What's keeping him?

123 ☐ What's on now?

124 ☐ What's the catch?

125 ☐ What's the choice?

126 ☐ What's the deal?

127 ☐ What's the occasion?

128 ☐ What's your sign?

129 ☐ Whatever you say.

130 ☐ When pigs fly.

131 ☐ Where were we?

132 ☐ Where's the fire?

133 ☐ Who can resist?

134 ☐ Will this do?

135 ☐ XYZ.

136 ☐ You are something!

☐ 오늘 저녁 메뉴는 뭐지?

☐ 그는 왜 이렇게 늦는 거야?

☐ 지금 TV 뭐해요?

☐ 무슨 속셈이야?

☐ 어떤 게 있어요?

☐ 뭣 때문에 이 난리야?

☐ 무슨 특별한 날이에요?

☐ 별자리가 어떻게 돼요?

☐ 네 말대로 할게.

☐ 해가 서쪽에서 뜬다면 몰라도. / 그런 일은 절대 없죠.

☐ 어디까지 이야기했죠?

☐ 어디 불이라도 났어요? / 뭐가 그리 급하죠?

☐ 누가 싫어하겠어요?

☐ 이걸로 될까요?

☐ 지퍼 열렸어요.

➡ Examine your zipper.의 단축형.

☐ 정말 대단하군요! / 좀 하는데…. (칭찬)

137 ☐ **You did it!**

138 ☐ **You don't say.**

139 ☐ **You got it!**

140 ☐ **You just wait.**

141 ☐ **You just watch.**

142 ☐ **You know something?**

143 ☐ **You know what?**

144 ☐ **You mean it?**

145 ☐ **You never learn.**

146 ☐ **You tell me.**

147 ☐ **You were speeding.**

148 ☐ **You're a knockout!**

149 ☐ **You're telling me.**

150 ☐ **You're under arrest!**

151 ☐ **Your breath smells.**

- [ ] 네가 해냈어!

- [ ] 말도 안 돼! / 설마!

- [ ] 알아들었구나! / 바로 그거야!

- [ ] 기다려.

- [ ] 구경이나 하시죠. / 보기나 해!

- [ ] 너, 그거 알아?

- [ ] 저기 있잖아. (이야기 첫머리에서)

- [ ] 진심이야?

- [ ] 너는 절대 모를 거야.

- [ ] 네가 말해 봐.

- [ ] 속도 위반하셨어요.

- [ ] 너무 멋져요!

- [ ] 정말 그래요.

- [ ] 당신을 체포하겠소!

- [ ] 입에서 냄새가 나요.

STEP 3

4단어 회화 표현

001 ☐ A piece of cake!

002 ☐ All you can eat.

003 ☐ Are you inviting me?

004 ☐ Are you seeing anyone?

005 ☐ Are you still mad?

006 ☐ Are you still there?

007 ☐ Bad news travels fast.

008 ☐ Better late than never.

009 ☐ Better luck next time.

010 ☐ Better safe than sorry.

011 ☐ Can we sit together?

012 ☐ Can you gift-wrap this?

013 ☐ Clean up the table.

☐ 식은 죽 먹기야! / 누워서 떡 먹기지!

☐ 마음껏 드세요.

☐ 초대하는 거예요?

☐ 사귀는 사람 있어요?

 ➡ see someone ~와 사귀다

☐ 화 안 풀렸어요?

☐ 내 말 듣고 있어?

☐ 나쁜 소식이 빨리 퍼지는 법. / 발 없는 말이 천리 간다.

☐ 안 하는 것보다는 늦게라도 하는 게 낫지.

☐ 다음엔 잘 될 거야.

☐ 유비무환.

☐ 합석해도 될까요?

☐ 선물용으로 포장해 주실래요?

☐ 테이블 좀 치워 주세요.

014 ☐ **Come and get it!**

015 ☐ **Could you get that?**

016 ☐ **Could you nuke it?**

017 ☐ **Did you taste it?**

018 ☐ **Did you wait long?**

019 ☐ **Do as you like.**

020 ☐ **Do you have everything?**

You haven't forgotten anything?

Have you forgotten anything?

021 ☐ **Do you have time?**

022 ☐ **Doesn't that sound great?**

023 ☐ **Don't count on it.**

024 ☐ **Don't give me that.**

025 ☐ **Don't I know you?**

026 ☐ **Don't lose your cool.**

☐ 자, 와서 먹자!

☐ 저것 좀 집어 줄래요?

☐ 전자레인지에 한번 돌려 줄래요?

   ➡ nuke 전자레인지에 조리하다

☐ 이거 먹어봤어요?

☐ 오래 기다렸어요?

☐ 마음대로 해.

☐ 다 챙겼어요? / 잃어버린 것은 없어요?

☐ 시간 있어요?

   ➡ Do you have the time? 지금 몇 시예요?

☐ 멋질 것 같지 않아?

☐ 너무 기대하지 마세요.

☐ 시치미 떼지 마!

☐ 우리 안면이 있는 것 같은데요.

☐ 너무 화내지 마!

027 ☐ **Don't play the fool.**

028 ☐ **Don't play with fire!**

029 ☐ **Don't tell a soul.**

030 ☐ **Don't waste your breath.**

031 ☐ **Don't you get it?**

032 ☐ **Easier said than done.**

033 ☐ **Every little bit counts.**

034 ☐ **Fancy meeting you here.**

035 ☐ **Feel free to choose.**

036 ☐ **Get hold of yourself.**

037 ☐ **Get off that phone!**

038 ☐ **Get out of here.**

039 ☐ **Get out the way!**

040 ☐ **Get to the point.**

041 ☐ **Get your hands off.**

042 ☐ **Give it a shot.**

043 ☐ **Give me a break!**

☐ 바보처럼 굴지 마세요.

☐ 위험해! 하지 마!

☐ 아무한테도 말하지 마.

☐ 입만 아프지. / 소용없어요.

☐ 이해 못하겠어?

☐ 말은 쉽지.

☐ 티끌 모아 태산.

☐ 이런 데서 당신을 만나다니!

☐ 아무거나 괜찮아. / 편하게 골라.

☐ 진정해봐.

☐ 전화 좀 끊어요.

☐ 여기서 나가요!

☐ 좀 비켜봐요!

☐ 요점만 간단히 말하세요.

☐ 신경 쓰지 마세요. / 손 떼세요.

☐ 한번 해 봐!

☐ 그만해! / 그러지 마!

044 ☐ He is in conference.

045 ☐ He is not available.

046 ☐ He is so cool.

047 ☐ He's a hot guy.

048 ☐ He's with a customer.

049 ☐ Here we go again.

050 ☐ Humm. I'm not sure.

051 ☐ I bumped my arm.

052 ☐ I can hardly wait!

053 ☐ I got picked up.

054 ☐ I got piss off.

055 ☐ I have a hangover.

056 ☐ I have an irregularity.

057 ☐ I just enjoy some.

058 ☐ I need a hug.

059 ☐ I need my space.

060 ☐ I owe you one.

□ 그는 회의 중입니다.

□ 그는 자리를 비웠는데요. (전화)

□ 그는 너무 멋져.

□ 그는 정말 섹시해.

□ 고객과 상담 중입니다.

□ 또 시작하는군.

□ 음. 잘 모르겠어요.

□ 팔을 부딪혔어요.

□ 너무 기대돼요!

□ 나 헌팅 당했어. / 찍혔어.

□ 정말 짜증났어요!

□ 술이 덜 깼어요.

□ 변비랍니다.

□ 조금은 해요. / 즐길 정도로만.

□ 꽉 안아 주세요.

□ 혼자 있고 싶어요.

□ 신세졌네요.

061 ☐ I see your point.

062 ☐ I was sweating blood.

063 ☐ I went too far.

064 ☐ I'm a little rusty.

065 ☐ I'm a morning person.

066 ☐ I'm in the dark.

067 ☐ I'm mad about you.

068 ☐ I'm on your side.

069 ☐ I'm out of shape.

070 ☐ I'm waiting. Not yet?

071 ☐ I've been expecting you!

072 ☐ I've been tied up.

073 ☐ I've got my period.

074 ☐ I've got to go.

☐ 무슨 말인지 알겠어요.

☐ 걱정하고 있었어요.

☐ 제가 너무 지나쳤어요.

☐ 녹이 좀 슬었어요. (실력이 떨어짐)

   → rust 녹

☐ 난 아침형 인간이에요.

☐ 오리무중.

☐ 당신에게 반해버렸어요.

☐ 난 네 편이야.

☐ 지금 제 꼴이 말이 아니에요.

   → in shape 본래의 정상적인 상태인

☐ 아직 멀었어?

☐ 어서 오세요.

   → Please come in!

☐ 그동안 정신없이 바빴어요.

☐ 그날이에요. (여성이 생리중일 때 하는 말)

☐ 전 가봐야겠어요.

075 □ I've sprained my ankle.

076 □ I'll accept your offer.

077 □ I'll buy you lunch.

078 □ I'll cross my fingers.

079 □ I'll do better tomorrow.

080 □ I'll have the usual.

081 □ I'll let you decide.

082 □ I'll put him on.

083 □ I'd appreciate your feedback.

084 □ I'd rather not say.

085 □ Is it on you?

086 □ It can't be helped.

087 □ It's a natural wave.

088 □ It's a no-win situation.

089 □ It's every other day.

090 □ It's no big deal.

☐ 발목이 삐었어요.

☐ 당신의 제안을 받아들이죠.

☐ 점심 살게요.

☐ 잘 됐으면 좋겠다!

☐ 내일은 더 나을 거예요.

☐ 항상 먹던 걸로요!

　　➡ usual은 '늘 먹던 것, 하던 것'이란 뜻.

☐ 당신이 정해요.

☐ 바꿔 드릴게요. (전화)

☐ 의견을 말씀해 주시면 감사하겠어요.

☐ 그건 좀 말하기가…. / 대답하고 싶지 않아요.

☐ 네가 사는 거야?

☐ 방법이 없어요.

☐ 곱슬머리야.

☐ 사면초가로군.

☐ 격일제입니다.

☐ 뭐 그리 대수라고. / 별일 아니야.

091 ☐ It's not my day.

092 ☐ It's not my fault.

093 ☐ It's over my head.

094 ☐ It's up to you.

095 ☐ Let bygones be bygones.

096 ☐ Let's get this straight ~.

097 ☐ Let's play it safe.

098 ☐ Let's split the bill.

099 ☐ Let's take a vote.

100 ☐ Long time no see.

101 ☐ Make time for me!

102 ☐ Maybe some other time.

103 ☐ Mind (your) p's and q's.

104 ☐ Mm, let me see.

☐ 오늘 일진이 사납군. / 오늘 영 말이 아니야.

☐ 내 잘못 아니에요.

☐ 무슨 말인지 모르겠어요.

☐ 너한테 달렸어.

☐ 지난 일은 잊어버리자.

☐ 말하자면~ 그러니까.

☐ 안전 제일.

➡ play it safe는 '안전을 기하다, 조심하다' 라는 뜻.

☐ 나눠 계산하죠.

☐ 다수결로 정하죠.

☐ 오랜만이에요.

☐ 내 생각도 좀 해 주라.

☐ 언제 한번 봐요!

☐ 예의를 지켜라.

➡ p's and q's는 18세기에 입었던 의복의 한 부분.

p는 코트 q는 옷의 뒤판. 예절, 매너.

☐ 음…, 어디 보자….

105 ☐ My bag is missing.

106 ☐ My gut's killing me.

107 ☐ My head is banging.

108 ☐ My legs are swollen.

109 ☐ My sides are splitting.

110 ☐ No need to rush.

111 ☐ No pain, no gain.

112 ☐ No pleasure without pain.

113 ☐ No rain, no grain.

114 ☐ Nobody told me that.

115 ☐ Over my dead body.

116 ☐ Please keep the length.

117 ☐ Snap out of it!

118 ☐ So far, so good.

119 ☐ Someone is in now.

120 ☐ Something rings a bell.

121 ☐ Sooner than you think.

☐ 가방을 잃어버렸어요.

☐ 배 아파!

☐ 머리가 어지러워요.

☐ 다리가 퉁퉁 부었어요.

☐ 너무 웃겨서 배꼽 빠지겠어요.

☐ 서두를 필요 없어.

☐ 고생 끝에 낙이 온다.

☐ 고생 끝에 낙이 온다.

☐ 비가 내리지 않으면 수확도 없다.

☐ 처음 듣는 소리군요.

☐ 내 눈에 흙이 들어가기 전엔 안 돼! / 절대 안 돼!

☐ 너무 자르지 마세요. (미용실)

☐ 정신 좀 차려! / 기운 내!

☐ 지금까진 좋아요.

☐ 지금 누군가 안에 있어요.

☐ 뭔가 생각이 떠오르네요.

☐ 뭉그적거리고 있을 때가 아냐!

122 ☐ Sorry, something's come up.

123 ☐ That hits the spot!

124 ☐ That takes the cake.

125 ☐ That's the last straw.

126 ☐ That's what I say.

127 ☐ That's what I thought.

128 ☐ That'll be the day.

129 ☐ Then I got hooked.

130 ☐ There you go again.

131 ☐ They have mixed views.

132 ☐ Things couldn't be better.

133 ☐ This is so embarrassing.

134 ☐ This seat is taken.

135 ☐ Tomorrow is another day.

136 ☐ What brought this on?

137 ☐ What do you say?

138 ☐ What got into you?

☐ 미안, 갑자기 일이 생겨서.

☐ 더할 나위 없군.

☐ 참 잘했어!

☐ 더 이상은 못 참겠다. / 그건 너무 지나쳐!

☐ 내 말이. / 그렇다니깐.

☐ 역시 생각했던 대로군.

☐ 설마, 그럴 리가!

☐ 그래서 완전히 빠졌죠.

☐ 또 시작이로군.

☐ 그들은 서로 엇갈린 견해를 보이고 있어요.

☐ 이보다 더 좋을 순 없어요.

☐ 몰라, 부끄럽게. / 이거 정말 난처한 걸.

☐ 이 자리는 주인이 있어요.

☐ 내일은 또 내일의 태양이 뜨겠지.

☐ 어찌 이런 일이!

☐ 어떻게 생각해요? / 어떻게 말하겠어요?

☐ 도대체 왜 그러는 거야?

139 ☐ What is it for?

140 ☐ What's it to you?

141 ☐ When are you leaving?

142 ☐ When does it finish[end]?

143 ☐ Where are we now?

144 ☐ Where are you heading?

145 ☐ Who is she like?

146 ☐ You can't beat that.

147 ☐ You crack me up.

148 ☐ You don't mean that.

149 ☐ You drive me crazy.

150 ☐ You drive me nuts!

151 ☐ You got me interested.

152 ☐ You make my day!

153 ☐ You need some R&R.

□ 무엇 때문인데요?

□ 그게 너랑 무슨 상관이지? / 무슨 관계가 있나요?

□ 언제 떠날 예정이죠?

□ 언제 끝나니?

□ 지금 여기가 어디죠?

□ 어디 가세요?

□ 그녀는 누굴 닮았어요?

□ 잘 샀어요!

□ 당신 정말 웃겨요.

□ 진심은 아닌 거죠?

□ 당신 때문에 미치겠어요. (화가 났을 때도 쓸 수 있다.)

□ 너 때문에 미치겠어! / 폴짝 뛰겠다!

□ 구미가 당기는데.

□ 덕분에 즐거웠어요. / 너 잘 걸렸어! (싸울 때)

□ 좀 쉬는 게 좋겠어요.

➡ R&R는 rest and relaxation(휴식과 릴렉스)의

줄임말.

154 ☐ You saved the day.

155 ☐ You're asking for trouble.

156 ☐ You're so off base.

157 ☐ You've full of it.

158 ☐ You've got it wrong.

159 ☐ You've kind of slow.

160 ☐ Your hair's a mess.

☐ 네가 날 살렸어.

   ➡ You saved my life.

☐ 사서 고생이군.

☐ 잘못 짚었어!

☐ 거짓말쟁이 같으니!

☐ 너 잘못 생각하고 있는 거야.

☐ 동작이 왜 그렇게 느리니?

☐ 머리가 엉망이야!

001 ☐ All sales go to charity.

002 ☐ Are they in your group?

003 ☐ Are you free this Sunday?

004 ☐ Can I leave a message?

005 ☐ Can I try this on?

006 ☐ Come on, out with it.

007 ☐ Could you refill my coffee?

008 ☐ Cut it out, will you?

009 ☐ Do I make myself clear?

010 ☐ Do you have a minute?

011 ☐ Do you wanna(= want to) do tea?

012 ☐ Don't be such a wimp.

013 ☐ Don't blame me for nothing.

014 ☐ Don't bring me into this.

☐ 판매 대금은 자선 사업에 기부됩니다.

☐ 저분들 같은 일행이세요?

☐ 이번 주 일요일에 시간 있어요?

☐ 메모 좀 부탁할게요. (전화)

☐ 한번 입어 봐도 될까요?

☐ 이봐, 털어놔 봐.

☐ 커피 리필 좀 해 주세요.

☐ 그만 좀 해요! 네?

☐ 내 말 알아듣겠어요?

☐ 잠시 시간 있어요?

☐ 차 한 잔 하실래요?

☐ 겁쟁이처럼 그러지 마! / 겁내지 마!

☐ 아무것도 아닌 일로 날 비난하지 마세요.

☐ 저를 걸고 넘어가지 마세요.

015 ☐ Don't shoot off your mouth.

016 ☐ Everything's going well so far.

017 ☐ Get out of my way.

018 ☐ Go easy on me, please.

019 ☐ Good to the last drop.

020 ☐ Have you lost your mind?

021 ☐ He's not at his desk.

022 ☐ How did you get started?

023 ☐ How did you it go?

024 ☐ How do you like it?

025 ☐ How late are you open?

026 ☐ Humm. I don't really know.

027 ☐ I can't resist a sale.

028 ☐ I can't take this anymore!

029 ☐ I don't appreciate your attitude.

030 ☐ I guess it will do.

031 ☐ I have a stiff shoulder.

□ 잘 알지도 모르면서 함부로 말하지 마!

□ 지금까지는 별 문제 없어요.

□ 좀 지나갈게요.

□ 좀 봐 주세요.

□ 마지막 한 방울까지 다 먹었어요. / 맛있어요.

□ 머리가 어떻게 된 거 아니야?

□ 지금 자리에 안 계십니다.

□ 어떻게 시작하게 됐어요?

□ 어떻게 됐어요? / 잘됐어요?

□ 어땠어요? / 어떤 것 같아요?

□ 몇 시까지 영업하세요?

□ 음. 정말 모르겠군요.

□ 세일이라고 하면 귀가 번쩍해요.

□ 더 이상 못 참겠어!

□ 당신의 그런 태도 전혀 반갑지 않아요.

□ 그렇게 될 것 같아요.

□ 어깨가 뻐근해요.

UNIT 1 STEP 4 5단어 회화 표현

032 ☐ I hope you like it.

033 ☐ I just feel like this.

034 ☐ I see your point, but ~.

035 ☐ I sprained my right ankle.

036 ☐ I wouldn't bet on it.

037 ☐ I'm having a bad day.

038 ☐ I'm into baseball right now.

039 ☐ I'm not in the mood.

040 ☐ I'm on the wagon now.

041 ☐ I'll get even with you.

042 ☐ I'll get right on it.

043 ☐ I'll give it a try.

044 ☐ I'll keep that in mind.

045 ☐ I'll show you a shortcut.

046 ☐ I'd like to return this.

047 ☐ It just goes on forever.

048 ☐ It never hurts to ask.

- [ ] 마음에 들었으면 좋겠어요.

- [ ] 왠지 그런 기분이 들어요.

- [ ] 무슨 말씀인지는 알겠는데요, ~

- [ ] 오른쪽 발목을 삐었어요.

- [ ] 아마 그렇진 않을 거예요.

- [ ] 오늘 일진이 사납네.

- [ ] 요즘 야구에 푹 빠졌어.

- [ ] 그럴 기분 아니에요.

- [ ] 술 끊었어요.

- [ ] 그대로 갚아 주겠어!

- [ ] 지금 바로 할게요.

- [ ] 한번 해볼래요.

- [ ] 명심할게요.

- [ ] 지름길을 가르쳐 줄게요.

- [ ] 반품하고 싶은데요.

- [ ] 끝이 없어요.

- [ ] 물어 본다고 해서 손해볼 것은 없어요.

049 ☐ It sure pays to ask.

050 ☐ It's a breach of contract.

051 ☐ It's as clear as mud.

052 ☐ It's getting out of hand.

053 ☐ Let me think it over.

054 ☐ May I take a message?

055 ☐ Mind if I join you?

056 ☐ My feet are killing me.

057 ☐ My mouth is on fire!

058 ☐ My time is your time.

059 ☐ No refunds will be made.

060 ☐ Oh, you are so headstrong.

061 ☐ Please don't get off track.

062 ☐ Please go easy on me.

063 ☐ Please wait to be seated.

064 ☐ She has heart of gold.

065 ☐ Sorry to bother you.

☐ 말이라도 해봐야지.

☐ 계약 위반이에요. / 약속하고 틀려요.

☐ 무슨 말인지 모르겠어요.

☐ 이제 손을 쓸 수가 없게 됐어.

☐ 생각 좀 해보구요.

☐ 메모를 남겨 드릴까요?

☐ 같이 앉아도 될까요?

☐ 발이 아파 죽겠어요.

☐ 너무 매워요!

☐ 편하신 시간으로 제가 맞출게요.

☐ 환불은 안 됩니다.

☐ 정말 고집 세네!

☐ 이야기 딴 데로 돌리지 말고!

☐ 너그럽게 봐주세요.

☐ 자리 안내해 드릴 테니까 잠시만 기다리세요.

☐ 그녀는 정말 착해요.

☐ 귀찮게 해서 미안해요. (물어볼 때)

066 ☐ Take it or leave it?

067 ☐ Take my word for it.

068 ☐ Thank you for your time.

069 ☐ That CD is a must-buy.

070 ☐ That will do for now.

071 ☐ That's gives me goose bumps!

072 ☐ That's how I got started.

073 ☐ That's so funny I'm crying!

074 ☐ That's the way it goes.

075 ☐ These numbers can't be right.

076 ☐ Think out of the box.

077 ☐ Trust me with the driving.

078 ☐ We have a flat tire.

079 ☐ We have the same interests.

080 ☐ We'd like to sit together.

081 ☐ What are you working on?

082 ☐ What day are you closed?

☐ 할 거야, 안 할 거야? / 필요해, 안 필요해?

☐ 내 말 믿어도 좋아.

☐ 시간 내주셔서 감사합니다.

☐ 저 CD는 꼭 사야 돼.

☐ 일단 이렇게 하면 돼요.

☐ 정말 닭살이야!

☐ 그렇게 해서 시작된 거예요.

☐ 너무 웃겨서 눈물이 다 나네.

☐ 세상일이란 게 다 그렇죠.

☐ 이거 금액이 잘못된 것 같은데요.

☐ 고정관념에서 탈피하세요.

☐ 운전은 내게 맡겨요.

☐ 타이어에 펑크났네!

☐ 우린 관심사가 같군요.

☐ 우리 같이 앉고 싶은데요.

☐ 뭘 그렇게 열심히 해요?

☐ 쉬는 날이 언제죠?

083 ☐ What do you feel like?

084 ☐ What is this amount for?

085 ☐ What section is he in?

086 ☐ What time are you open?

087 ☐ What time do you close?

088 ☐ When will it be ready?

089 ☐ Where are you calling from?

090 ☐ Who's the bread winner here?

091 ☐ Why don't we grab something?

092 ☐ Would you like a sip?

093 ☐ You can count on me.

094 ☐ You have a runny nose.

095 ☐ You take my breath away.

096 ☐ You're all I think about.

097 ☐ You're getting on my nerves.

- [ ] 뭐 먹고 싶어요?

- [ ] 어디에 쓴 건데요? / 이건 무슨 대금인데요?

- [ ] 그는 어느 부서에 있죠?

- [ ] 몇 시에 문 열어요? (가게)

- [ ] 몇 시까지 해요? (가게)

- [ ] 언제쯤 준비될 것 같아요? / 언제쯤 다 되죠?

- [ ] 지금 어디서 전화하시는 거예요?

- [ ] 여기에서 누가 가장이에요? / 누가 먹여 살리는데….

- [ ] 뭘 좀 먹고 갈까?

- [ ] 맛 좀 보실래요? (음식)

- [ ] 저를 믿으셔도 돼요.

- [ ] 콧물이 흘러요.

- [ ] 당신만 생각하면 숨이 막힐 것 같아요. / 좋아해요.

- [ ] 당신은 나의 전부예요.

- [ ] 너 정말 내 신경을 건드리는구나! / 너는 나를 화나게 해.

001 ☐ Can you give me a rain check?

002 ☐ Can you give me a smile, please?

003 ☐ Can you make it two for $10?

004 ☐ Can you please get these kids to behave?

005 ☐ Can't you just meet me halfway?

006 ☐ Does coffee come with my meal?

007 ☐ Don't be so hard on me.

008 ☐ Don't force your taste on me.

009 ☐ Don't give me any ifs and buts.

010 ☐ Don't point the finger at me.

011 ☐ Excuse me. There's a line here.

012 ☐ Have you ever been unfaithful to me?

☐ 다음 기회로 미룰 수 있을까요?

☐ 한번 웃어줘요.

☐ 두 개 해서 10달러에 안 될까요?

☐ 이 애들 조용히 좀 시켜 주세요. (시끄러울 때)

☐ 조금만 양보할 수 없어요?

☐ 식사에 커피가 포함되는 건가요?

☐ 나 좀 볶지 마! / 너무 그렇게 구박하지 마!

☐ 당신 취향을 내게 강요하지 마세요.

☐ 더 이상 핑계 대지 마!

☐ 내 탓하지 마!

☐ 저기요. 여기가 줄인데요.

☐ 바람 피운 적 있어?

013 ☐ He has a crush on her.

014 ☐ He has company at this time.

015 ☐ Hold on, let me get the right word...

016 ☐ How do I fill out this form?

017 ☐ How do you like your coffee?

018 ☐ How often do the trains come?

019 ☐ I can't make my hair nicer.

020 ☐ I can't put this down to expenses.

021 ☐ I couldn't get you out of my mind.

022 ☐ I don't deserve the cold shoulder.

023 ☐ I don't know my way around here yet.

024 ☐ I have to draw the line somewhere.

025 ☐ I heard it through the grapevine.

026 ☐ I hope you'll be more positive overall.

027 ☐ I might not saying it right, but ...

028 ☐ I want to take a break.

029 ☐ I was asked for the date.

☐ 그는 그녀에게 한눈에 홀딱 반했어요.

☐ 그는 지금 손님을 맞고 계십니다.

☐ 잠깐만 기다려 봐. 딱 맞는 말이 있는데….

☐ 어떻게 기재해야 하죠?

☐ 커피 어떻게 드세요?

☐ 기차는 몇 분마다 오나요?

☐ 내 머리를 더 멋지게 손질할 수가 없어요.

☐ 이건 경비 처리가 안돼요.

☐ 당신 생각을 떨쳐버릴 수가 없어요.

☐ 그렇게 무시당할 정도는 아닙니다.

☐ 아직 상황을 잘 모르겠어요.

☐ 참는 데도 한계가 있어.

☐ 나도 소문으로 들은 거야.

☐ 뭐든지 적극적으로 좀 해 봐!

☐ 이게 맞는 말인지는 모르겠지만….

☐ 잠시 쉬고 싶어요.

☐ 데이트 신청을 받았어요!

030 ☐ I won't be taken in like that.

031 ☐ I would like an aisle, please.

032 ☐ I'm having a bad hair day.

033 ☐ I'm seeing you in a new light.

034 ☐ I'll be there to root for you.

035 ☐ I'll just leave it to you.

036 ☐ I'll leave it up to you.

037 ☐ I'll make a note of it.

038 ☐ I'll take it as it comes.

039 ☐ I'd like to ask you out.

040 ☐ It doesn't quite do it for me.

041 ☐ It makes no difference to me.

042 ☐ It's hard for me to deal with him.

043 ☐ Let's have a show of hands.

- [ ] 그런 방법으로는 안 먹히죠.

- [ ] 통로쪽 자리로 주세요.

- [ ] 오늘 정말 끔찍한 하루야!

  → 머리 모양을 못 정하겠어. (생각대로 되지 않음)

- [ ] 다시 봐야겠는걸! (칭찬)

- [ ] 가서 응원할게요.

- [ ] 당신에게 맡겨 둘게요.

- [ ] 그 문제는 당신에게 맡기겠습니다.

- [ ] 적어 둘게요.

- [ ] 오면 오는 대로.

- [ ] 저랑 데이트 하실래요?

  → ask someone out (데이트 · 외출 등에) 사람을

  불러내다

- [ ] 아주 그렇진 않고…. / 좀 모자라지만.

- [ ] 나에겐 마찬가지야. / 아무 차이도 없어.

- [ ] 그 사람 정말 상대하기 힘들어요.

- [ ] 거수로 정하죠.

044 ☐ My bag hasn't come out yet.

045 ☐ Not at this time of the day.

046 ☐ Not to brag about anything, but ...

047 ☐ On your mark, get set, go!

048 ☐ She has a dog head on her shoulders.

049 ☐ The TV doesn't work in my room.

050 ☐ What have you done for me lately?

051 ☐ What time are you open till?

052 ☐ Will you call the room and tell them

to hold it down?

053 ☐ Will you do me a favor just this once?

054 ☐ Will you pass her my message?

055 ☐ Would you like to join us?

056 ☐ You did it an A-1 job.

057 ☐ You don't lift a finger to help.

058 ☐ You have a lot of guts.

059 ☐ You have a lot of nerve.

- [ ] 제 짐이 아직 안 나왔어요.

- [ ] 이 시간대는 안 됩니다.

- [ ] 자랑하는 것은 아니지만…

- [ ] 제자리에, 준비, 땅!

- [ ] 그녀는 머리가 비상하군요.

- [ ] 방의 TV가 고장났어요. (호텔에서)

- [ ] 요새 나한테 왜 그러는 거죠?

- [ ] 몇 시까지 영업하세요?

- [ ] 그 방에 전화 걸어서 좀 조용히 해 달라고 해 주실래요?

    (호텔에서)

- [ ] 이번 딱 한번만 제 부탁 들어주실래요?

- [ ] 메모 좀 전해 주시겠어요?

- [ ] 같이 드실래요? / 같이 가실래요?

- [ ] 솜씨가 좋네요. / 훌륭해요.

- [ ] 손 하나 까딱하지 않고 뭐하니? (좀 거들어라!)

- [ ] 용기가 대단하네요. / 간이 부었군!

- [ ] 강심장이군요. / 베짱이 세시군요.

060 ☐ You take me for somebody else.

061 ☐ You're up to something, aren't you?

062 ☐ You'll all talk and no action!

063 ☐ Your party is on the line.

☐ 사람 잘못 보신 것 같은데요.

☐ 무슨 일을 꾸미고 있는 거죠?

☐ 말이나 못하면…. / 너는 말만 하고 실천이 없어!

☐ 연결되었습니다. 말씀하세요. (교환을 통해 통화할 때)

001 ☐ I'm coming.

002 ☐ Fat chance.

003 ☐ Stay put.

004 ☐ I will sue you.

005 ☐ No chance.

006 ☐ My bag is missing.

007 ☐ I'll be there to root for you.

008 ☐ Let's go Dutch.

009 ☐ I'm leaving.

010 ☐ I'm impressed.

011 ☐ I'm moved.

012 ☐ That makes two.

013 ☐ How about going out with me?

014 ☐ Would you like to join us?

015 ☐ What time are you open?

016 ☐ Let's have a show of hands.

☐ 가고 있어.

☐ 가능성이 희박해요. / 설마!

　　➡ Slim chance.도 같은 의미이다.

☐ 가만 있어봐!

☐ 가만두지 않겠어! / 내가 가만두나 봐라!

☐ 가망 없어요.

☐ 가방을 잃어버렸어요.

☐ 가서 응원할게요.

☐ 각자 부담하자! / 더치페이로 하자!

☐ 갈게요.

☐ 감동받았어.

☐ 감동받았어요.

☐ 같은 생각이야. / 동감이야.

☐ 같이 나갈래요?

☐ 같이 하실래요? / 같이 드실래요?

☐ 개점 시간이 몇 시죠? (가게)

☐ 거수로 정하죠.

017 ☐ I'm half dead.

018 ☐ That's bullshit.

019 ☐ Save it.

020 ☐ No sweat.

021 ☐ Don't you dare.

022 ☐ Don't be such a wimp.

023 ☐ It's every other day.

024 ☐ Go on.

025 ☐ It's a breach of contract.

026 ☐ He's with a customer.

He has company at this time.

027 ☐ Appreciate it.

028 ☐ No pain, no gain.

029 ☐ No pleasure without pain.

030 ☐ Think out of the box.

031 ☐ You'll see.

032 ☐ This beats me.

☐ 거의 반죽음 상태야. / 피곤해 죽겠어.

☐ 거짓말쟁이. / 순 엉터리.

☐ 거짓말하지 말아요.

☐ 걱정 마! / 식은 죽 먹기야!

☐ 건방지군.

☐ 겁쟁이처럼 그러지 마! / 겁내지 마!

☐ 격일제입니다.

☐ 계속 해 봐.

☐ 계약 위반이에요. / 약속하고 틀려요.

☐ 고객과 상담 중입니다.

그는 지금 손님을 맞고 계십니다.

☐ 고마워요.

☐ 고생 끝에 낙이 온다.

☐ 고생 끝에 낙이 온다.

☐ 고정관념에서 탈피하세요.

☐ 곧 알게 될 거예요.

☐ 골 때리는군. / 큰일났군.

033 ☐ What a pain!

034 ☐ It's a natural wave.

035 ☐ That's very flattering.

036 ☐ You just watch.

037 ☐ Don't bug me.

038 ☐ Quit bugging me.

039 ☐ Will you call the room and tell them

to hold it down?

040 ☐ He's my mentor.

041 ☐ He is mine.

042 ☐ Not quite.

043 ☐ He hit on me.

044 ☐ He dumped me.

045 ☐ Know what?

046 ☐ That's cool.

047 ☐ You know something?

☐ 골치 아파! / 눈엣가시야! (짜증나게 하는 사람)

☐ 곱슬머리예요.

☐ 과찬의 말씀이세요.

☐ 구경이나 하시죠.

☐ 귀찮게 좀 하지 마!

☐ 귀찮게 하지 마세요.

☐ 그 방에 전화 걸어서 좀 조용히 해 달라고 해 주실래요?

　 (호텔에서)

☐ 그 사람은 내 정신적 지주야.

☐ 그 사람은 내가 찜했어.

☐ 그 정도는 아니예요.

☐ 그가 나한테 고백했어.

☐ 그가 날 찼어.

　 ➡ dump는 '털썩 내려놓다'라는 뜻.

☐ 그거 말이야. / 이번에는 또 뭐야?

☐ 그거 멋지다!

☐ 그거 알아?

048 ☐ That's uncanny.

049 ☐ Sounds fun.

050 ☐ I'd rather not say.

051 ☐ Fair enough!

052 ☐ Told you.

053 ☐ Good thinking.

054 ☐ What's it to you?

055 ☐ That's all.

056 ☐ That's not the way it is.

057 ☐ That's why.

058 ☐ I vegged out.

059 ☐ Just checking.

060 ☐ Who is she like?

061 ☐ She has a dog head on her shoulders.

062 ☐ She's expecting.

063 ☐ She has heart of gold.

064 ☐ She's into hip-hop.

☐ 그거 이상한데.

☐ 그거 재미있겠다!

☐ 그건 좀 말하기가….

☐ 그것 괜찮겠네. (제안에 대해)

☐ 그것 봐! 내가 뭐라 그랬니?

☐ 그것도 그렇군요. / 좋은 생각이에요.

☐ 그게 너랑 무슨 상관이 있지?

☐ 그게 다야.

☐ 그게 아니라니까!

☐ 그게 이유예요.

☐ 그냥 빈둥거렸어.

☐ 그냥 확인하는 거야.

☐ 그녀는 누구 닮았어요?

☐ 그녀는 머리가 비상해요.

☐ 그녀는 임신 중이야.

☐ 그녀는 정말 착해요.

☐ 그녀는 힙합에 푹 빠졌어요.

065 ☐ He has a crush on her.

066 ☐ He is so cool.

067 ☐ What section is he in?

068 ☐ He's loaded.

069 ☐ He's history.

070 ☐ He's taken.

071 ☐ He's a hot guy.

072 ☐ He is in conference.

073 ☐ I'll get even with you.

074 ☐ I've been tied up.

075 ☐ They have mixed views.

076 ☐ I can hardly wait!

077 ☐ Very funny.

078 ☐ So what?

079 ☐ Then I got hooked.

☐ 그는 그녀에게 한눈에 홀딱 반했어요.

☐ 그는 너무 멋져.

☐ 그는 어느 부서에 있죠?

☐ 그는 완전히 취했어요.

➡ '돈이 많다'는 뜻으로도 사용된다.

☐ 그는 이미 과거의 남자예요.

☐ 그는 임자 있는 몸이에요.

☐ 그는 정말 섹시해.

☐ 그는 회의 중이에요.

☐ 그대로 갚아주겠어.

☐ 그동안 정신없이 바빴어.

☐ 그들은 서로 엇갈린 견해를 보이고 있어요.

☐ 그때까지 못 기다리겠어요. / 너무 기대돼요!

☐ 그래, 재미있기도 할 거야. (남들이 내가 뱉은 말이나 행동에

재미있어하지만 나는 그렇지 않을 때)

☐ 그래서 (어쨌다는 거지)?

☐ 그래서 완전히 빠졌죠.

080 ☐ Hope so.

081 ☐ Give me a break!

082 ☐ Hope not.

083 ☐ I guess.

084 ☐ I won't be taken in like that.

085 ☐ Kind of.

086 ☐ Sort of.

087 ☐ Can't complain.

088 ☐ I'm not in the mood.

089 ☐ I don't feel like it.

090 ☐ That can't be!

091 ☐ It happens.

092 ☐ I knew it.

093 ☐ Figures.

094 ☐ No need.

095 ☐ Maybe so.

☐ 그러길 바래.

☐ 그러지 마!

☐ 그러지 않았으면 좋겠어.

☐ 그런 것 같아요.

☐ 그런 수법은 나한테 안 먹혀.

☐ 그런 편이에요.

☐ 그런 편이죠.

☐ 그런대로 괜찮아요.

☐ 그럴 기분 아니야.

☐ 그럴 기분 아니에요.

☐ 그럴 리가 없어!

☐ 그럴 수도 있지.

☐ 그럴 줄 알았어요.

☐ 그럴 줄 알았어요.

　　➡ That easy to figure out.의 단축형.

☐ 그럴 필요 없어요.

☐ 그럴지도 모르지. / 아마도 그럴 거예요.

096 ☐ Could be.

097 ☐ I guess it will do.

098 ☐ I don't deserve the cold shoulder.

099 ☐ It's a deal.

100 ☐ I'd appreciate it.

101 ☐ That's how I got started.

102 ☐ Could you?

103 ☐ Don't lose your cool.

104 ☐ That's what I say.

105 ☐ It happens. That's life.

106 ☐ That's the way.

107 ☐ Had better.

108 ☐ I wouldn't bet on it.

109 ☐ I have to get going.

110 ☐ Cut it out.

111 ☐ Cut it out, will you?

112 ☐ I've had enough.

☐ 그럴지도 몰라요.

☐ 그렇게 될 것 같아.

☐ 그렇게 무시받을 정도는 아닙니다.

☐ 그렇게 합시다.

☐ 그렇게 해 주시면 고맙겠습니다.

☐ 그렇게 해서 시작한 거예요.

☐ 그렇게 해줄래요?

☐ 그렇게 화만 내지 말고….

☐ 그렇다니까요. / 내 말이.

☐ 그렇지. 그게 인생이야.

☐ 그렇지. 바로 그거야.

☐ 그렇지도 않아요.

☐ 그렇진 않을텐데….

☐ 그만 끊을게. (전화)

☐ 그만 둬!

☐ 그만 좀 해요! 네?

☐ 그만 좀 해요.

113 ☐ You mind?

114 ☐ Drop it!

115 ☐ What's keeping him?

116 ☐ I got messed with him.

117 ☐ So-so.

118 ☐ I've seen better.

119 ☐ These numbers can't be right.

120 ☐ Hold still.

121 ☐ I'll keep that in mind.

122 ☐ I'll make a note of it.

123 ☐ Chin up!

124 ☐ Go easy.

125 ☐ Make way.

126 ☐ That's neat.

127 ☐ Get lost!

128 ☐ Piss off!

129 ☐ Not exactly.

- [ ] 그만 하지 그래요?

- [ ] 그만둬, 집어치워!

- [ ] 그사람 왜 이렇게 늦는 거죠?

- [ ] 그와 싸웠어.

- [ ] 그저 그래. / 그냥 그래.

- [ ] 그저 그런데요.

- [ ] 금액이 좀 이상한데요. / 이렇게 많이 나왔을 리가 없어요.

- [ ] 기다려 봐요.

- [ ] 기억할게요. / 명심할게요.

- [ ] 기억해 둘게요. / 적어 둘게요.

- [ ] 기운 내!

- [ ] 긴장하지 마세요.

- [ ] (앞에) 길 좀 비켜주세요.

- [ ] 깔끔하네요. / 멋지네요. / 잘했어요!

- [ ] 꺼져 버려!

- [ ] 꺼져 버려!

- [ ] 꼭 그런 건 아니에요.

130 ☐ **Not really!**

131 ☐ **In your dreams.**

132 ☐ **Sounds awful!**

133 ☐ **We are set.**

134 ☐ **It just goes on forever.**

135 ☐ **I was asked for the date.**

136 ☐ **I'm flat broke.**

137 ☐ **I've got my period.**

138 ☐ **I struck out.**

139 ☐ **I was dumped.**

140 ☐ **I got picked up.**

141 ☐ **Back off!**

142 ☐ **Get out of my way.**

143 ☐ **Get out the way.**

144 ☐ **Let's split the bill.**

145 ☐ **I feel the same way.**

- [ ] 꼭 그렇지만은 않아!

- [ ] 꿈도 야무지지!

- [ ] 끔찍해.

- [ ] 끝났다! / 준비됐어요!

- [ ] 끝이 없어요.

- [ ] 나 데이트 신청 받았어.

- [ ] 나 완전히 무일푼이야.

  ➡ broke는 '빈털터리', '파산한'의 의미를 가진다.

- [ ] 나 지금 생리 중이야. / 그날이에요.

- [ ] 나 차였어.

- [ ] 나 차였어요.

- [ ] 나 헌팅 당했어. / 찍혔어.

- [ ] 나가!

- [ ] 좀 지나갈게. / 비켜.

- [ ] 좀 비켜봐요!

- [ ] 나눠서 내요. (계산)

- [ ] 나도 같은 생각이야.

146 ☐ Same here.

147 ☐ Me neither.

148 ☐ Beats me.

149 ☐ I heard it through the grapevine.

150 ☐ I'm game!

151 ☐ I'm in.

152 ☐ I wouldn't.

153 ☐ Don't get me involved.

154 ☐ Not bad.

155 ☐ Bad news travels fast.

156 ☐ It makes no difference to me.

157 ☐ Can you give me a rain check?

158 ☐ Don't be so hard on me.

159 ☐ Don't point the finger at me.

160 ☐ Don't take it out on me.

161 ☐ I have a fear of heights.

☐ 나도 마찬가지야.

☐ 나도 마찬가지야. / 나도 그래.

☐ 나도 모르겠어. / 내가 알 턱이 없지.

☐ 나도 소문으로 들은 거야.

☐ 나도 할래. / 나도 껴 줘!

   ➡ I'm in. 도 같은 뜻.

☐ 나도 할래요.

☐ 나라면 안 그래.

☐ 나를 끌어들이지 마.

☐ 나쁘진 않아. 그저 그래.

☐ 나쁜 소문은 빨리 퍼지는 법이에요.

☐ 나에겐 마찬가지야. / 아무 차이도 없어.

☐ 나중으로 미룰 수 있을까요?

☐ 나한테 너무 심하게 하는 것 아니에요?

☐ 나한테 뭐라고 하지 마세요. / 내 탓하지 마!

☐ 나한테 화풀이하지 마세요.

☐ 난 고소 공포증이 있어.

162 ☐ I'm on your side.

163 ☐ Count me out.

164 ☐ I'm a morning person.

165 ☐ Don't get me wrong.

166 ☐ My bag hasn't come out yet.

167 ☐ Get lost.

168 ☐ Over my dead body.

169 ☐ Take my word for it.

170 ☐ Do I make myself clear?

171 ☐ The TV doesn't work in my room.

172 ☐ Make time for me!

173 ☐ It's not my fault.

174 ☐ It's my turn.

175 ☐ Don't blame me.

176 ☐ Mind if I join you?

177 ☐ My treat.

178 ☐ I went too far.

- ☐ 난 네 편이야.

- ☐ 난 빠질래요.

- ☐ 난 아침형 인간이야.

- ☐ 날 오해하지 마.

- ☐ 내 가방이 아직 안 나왔어요.

- ☐ 내 눈 앞에서 없어져!

- ☐ 내 눈에 흙이 들어가기 전에는 어림없어! / 절대 안 돼!

- ☐ 내 말 믿어도 좋아.

- ☐ 내 말 이해해요?

- ☐ 내 방 TV가 고장 났어요. (호텔에서)

- ☐ 내 생각도 좀 해 주세요.

- ☐ 내 잘못 아니에요.

- ☐ 내 차례예요.

- ☐ 내 탓하지 마세요.

- ☐ 내가 끼어도 괜찮을까?

- ☐ 내가 낼게요.

- ☐ 내가 너무했어요.

179 ☐ I blew it.

180 ☐ I guessed wrong.

181 ☐ I'll show you a shortcut.

182 ☐ Don't give me any ifs and buts.

183 ☐ Tomorrow is another day.

184 ☐ I'll do better tomorrow.

185 ☐ You drive me nuts!

186 ☐ Your hair's a mess.

187 ☐ You're up to something, aren't you?

188 ☐ You have a lot of nerve.

189 ☐ Do you have time?

190 ☐ Are you two-timing me?

191 ☐ You have a lot of guts.

192 ☐ You're getting on my nerves.

193 ☐ Oh, you are so headstrong.

194 ☐ You crack me up.

□ 내가 다 망쳐 버렸어!

□ 내가 잘못 짚은 것 같아요.

□ 내가 지름길을 알려 줄게요.

□ 내게 핑계 대지 마세요.

□ 내일은 또 내일의 태양이 뜰 거예요.

□ 내일은 좀더 나아지겠죠.

□ 너 때문에 미치겠어.

□ 너 머리가 엉망이야.

□ 너 무슨 일 꾸미고 있지?

□ 너 배짱이 정말 세구나.

□ 너 시간 있니?

  ➡ Do you have the time? 지금 몇 시예요?

□ 너 양다리 걸치고 있니?

□ 너 용기가 대단하구나.

□ 너 정말 내 신경 건드리는구나!

□ 너 정말 네 멋대로구나!

□ 너 정말 웃긴다.

195 ☐ Are you nuts?

196 ☐ Are you serious?

197 ☐ You have a runny nose.

198 ☐ Please go easy on me.

199 ☐ Don't count on it.

200 ☐ I was petrified.

201 ☐ That is winding.

202 ☐ My mouth is on fire!

203 ☐ Don't take it too seriously.

204 ☐ Too bad.

205 ☐ That's so funny I'm crying!

206 ☐ My sides are splitting.

207 ☐ Please keep the length.

208 ☐ It's you!

209 ☐ I'll leave it up to you.

210 ☐ You mean a lot to me.

211 ☐ You've grounded.

□ 너 제정신이야?

□ 너 진심이니? / 정말이야?

□ 너 콧물 흐른다.

□ 너그럽게 봐주세요.

□ 너무 기대하지 마.

□ 너무 놀랐어요. / 놀라서 얼었어요.

□ 너무 돌려서 말하니 무슨 말인지….

□ 너무 매워요. / 불 나겠어요.

□ 너무 심각하게 받아들이지 마세요.

□ 너무 안됐네요.

□ 너무 웃겨서 눈물이 다 나오네요.

□ 너무 웃겨서 배꼽 빠지겠어요.

□ 너무 자르지 마세요.

□ 너한테 딱이야!

□ 너한테 맡겨둘게.

□ 넌 나에게 아주 소중한 존재야.

□ 넌 외출 금지야.

UNIT 2

이것만 외우면 OK 잘 나오는 회화 표현

212 ☐ You are something!

213 ☐ Whatever you say.

214 ☐ What do you say?

215 ☐ You saved the day.

216 ☐ You tell me.

217 ☐ Don't force your taste on me.

218 ☐ Anything you say.

219 ☐ No kidding.

220 ☐ No joking.

221 ☐ Who's the bread winner here?

222 ☐ Who cares?

223 ☐ Who can resist?

224 ☐ Guess who?

225 ☐ I gotta catch some Z's.

226 ☐ Sooner than you think.

☐ 넌 정말 대단해!

☐ 네 말대로 할게.

☐ 네 생각은 어때?

☐ 네가 날 살렸어.

   ➡ **You saved my life.** 덕분에 살았다.

☐ 네가 말해 봐. / 네가 알잖아.

☐ 네가 좋다고 나한테까지 강요하지 마.

☐ 네네, 말씀만 하세요.

☐ 농담 아냐! / 장난 아냐!

☐ 농담 아니야. / 장난 아니야.

☐ 누가 가장이에요?

☐ 누가 상관하겠어요? / 아무래도 상관없어.

☐ 누가 싫어하겠어요?

☐ 누구게?

☐ 눈 좀 붙여야겠어.

   ➡ **Z's**는 '수면'의 뜻으로, 코고는 소리로 쓰이기도 한다.

☐ 느긋하게 생각할 때가 아니에요.

227 ☐ **Do you have everything?**

You haven't forgotten anything?

Have you forgotten anything?

228 ☐ **Come clean.**

229 ☐ **Dry yourself off.**

230 ☐ **I'm home.**

231 ☐ **Don't we all?**

232 ☐ **Everyone does?**

233 ☐ **Anything else?**

234 ☐ **My legs are swollen.**

235 ☐ **Let's take a vote.**

236 ☐ **Think twice.**

237 ☐ **Come again?**

238 ☐ **Let me think it over.**

239 ☐ **I want to get back together.**

240 ☐ **Better luck next time.**

241 ☐ **Maybe some other time.**

☐ 다 챙겼어요? / 뭐 잊어버린 것 없어요?

☐ 다 털어놔요.

☐ 다 털어버려요.

☐ 다녀왔습니다.

☐ 다들 그렇지 않나요?

☐ 다들 그렇지 않나요?

☐ 다른 건 없어요? / 그밖에는요?

☐ 다리가 퉁퉁 부었어요.

☐ 다수결로 정하죠.

☐ 다시 생각해 보세요.

☐ 다시 한번 말해 줄래요? / 뭐라고요?

☐ 다시 한번 생각해 볼게요.

☐ 다시 할래요. / 모두 되돌리고 싶어요.

☐ 다음번에는 더 낫겠지.

☐ 다음에 한번 봐요.

242 ☐ Maybe next time.

243 ☐ I've been hurt.

244 ☐ You drive me crazy.

245 ☐ I hope you like it.

246 ☐ XYZ.

247 ☐ It's your turn.

248 ☐ You take my breath away.

249 ☐ I'll just leave it to you.

250 ☐ I owe you one.

251 ☐ You're all I think about.

252 ☐ How about you?

253 ☐ You're happy-go-lucky.

254 ☐ You're a knockout!

255 ☐ I'm mad about you.

256 ☐ You're under arrest!

257 ☐ I'll accept your offer.

☐ 다음에요.

☐ 다쳤어요.

☐ 당신 때문에 미치겠어요. (화가 났을 때도 쓸 수 있다.)

☐ 당신 맘에 들었으면 좋겠어요.

☐ 당신 바지 지퍼 열렸어요.

➡ Examine your zipper.의 단축형.

☐ 당신 차례예요.

☐ 당신만 생각하면 숨이 막힐 것 같아요. / 좋아해요.

☐ 당신에게 맡길게요.

☐ 당신에게 신세졌네요.

☐ 당신은 나의 전부예요.

☐ 당신은 어때요?

☐ 당신은 정말 낙천적이군요. / 천하태평이구나.

☐ 당신은 정말 숨 막힐 정도로 멋져요!

☐ 당신을 미치도록 사랑해요. / 당신에게 반했어요.

☐ 당신을 체포하겠소!

☐ 당신의 제안을 받아들일게요.

UNIT 2

이것만 외우면 OK 잘 나오는 회화 표현

258 ☐ I don't appreciate your attitude.

259 ☐ I'm seeing you in a new light.

260 ☐ Is it on you?

261 ☐ I'll let you decide.

262 ☐ Anytime you're ready.

263 ☐ It's up to you.

264 ☐ That suits you.

265 ☐ That figures.

266 ☐ Isn't that something?

267 ☐ Nothing much.

268 ☐ That's something!

269 ☐ Another helping?

270 ☐ I can't take this anymore!

271 ☐ No more discussions.

272 ☐ That's the last straw.

273 ☐ You make my day!

☐ 당신의 태도가 맘에 들지 않아요.

☐ 당신이 달라 보이네요. / 다시 봐야겠는데요. (칭찬)

☐ 당신이 사는 거예요?

☐ 당신이 정하세요.

☐ 당신이 준비되면 언제든지요.

☐ 당신한테 달렸어요.

☐ 당신한테 잘 어울리는군요.

☐ 당연하지.

☐ 대단하지 않니?

☐ 대단한 건 아니야. / 이렇다 할 만한 게 없어.

☐ 대단해! / 그것 괜찮은데요!

☐ 더 드릴까요?

　➡ helping 한 그릇 더

☐ 더 이상 못 참겠어!

☐ 더 이상 얘기하지 않겠어. / 끝난 얘기야.

☐ 더 이상은 못 참아. / 그건 너무 지나쳐.

☐ 덕분에 즐거웠어요!

274 ☐ I'm going out with someone else.

275 ☐ I'm clueless.

276 ☐ You can say that again!

277 ☐ That's enough!

278 ☐ Forget it!

279 ☐ Enough's enough.

280 ☐ It's upside down.

281 ☐ Are you still there?

282 ☐ Separate checks, please.

283 ☐ You again!

284 ☐ Bye now.

285 ☐ Here we go again.

286 ☐ There you go again.

287 ☐ Not again.

288 ☐ Suit yourself.

289 ☐ I get a kick out of LIVE!

290 ☐ Bite the bullet.

- [ ] 데이트할 사람이 필요해.

- [ ] 도통 모르겠는걸.

- [ ] 동감이에요.

- [ ] 됐거든. / 이제 그만.

- [ ] 됐어! / 잊어버려.

- [ ] 됐어! 이제 그만 해!

- [ ] 뒤죽박죽이네요.

- [ ] 듣고 있는 거야?

- [ ] 따로따로 계산해 주세요.

- [ ] 또 당신이군요! / 또 만났네!

- [ ] 또 봐! / 안녕!

- [ ] 또 시작이로군.

- [ ] 또 시작이로군.

- [ ] 또야?

- [ ] 뜻대로 하세요.

- [ ] 라이브 공연은 너무 재미있어요!

- [ ] 마음 단단히 먹어요.

291 ☐ Chill out.

292 ☐ All you can eat.

293 ☐ Help yourself.

294 ☐ Sue me.

295 ☐ Do as you like.

296 ☐ Good to the last drop.

297 ☐ Are you seeing anyone?

298 ☐ You're a big help.

299 ☐ Dig in!

300 ☐ I'm full.

301 ☐ Makes sense.

302 ☐ Watch your mouth.

303 ☐ Can't say.

304 ☐ You don't say.

305 ☐ Fat lie!

☐ 마음 편히 가져! / 진정해!

☐ 마음껏 드세요.

☐ 마음껏 드세요.

☐ 마음대로 해!

☐ 마음대로 해.

☐ 마지막 한 방울까지 맛있네요.

☐ 만나는 사람 있니?

➡ see someone ~와 사귀다

☐ 많은 도움이 됐어요.

☐ 많이 먹어!

➡ dig in 원래는 '파다'라는 뜻.

☐ 많이 먹었어요. / 배불러요.

☐ 말 되네.

☐ 말 조심해.

☐ 말도 마요.

☐ 말도 안 돼! 설마!

☐ 말도 안 되는 거짓말!

306 ☐ Stop talking nonsense.

307 ☐ Will you pass her my message?

308 ☐ Easier said than done.

309 ☐ I'm speechless!

310 ☐ It sure pays to ask.

311 ☐ Saying is one thing, doing is another.

312 ☐ Love it!

313 ☐ Good grief!

314 ☐ I screwed up.

315 ☐ Right on.

316 ☐ Guess what?

317 ☐ Will do.

318 ☐ I swear.

319 ☐ I can't make my hair nicer.

320 ☐ Heads up!

321 ☐ My head is banging.

322 ☐ I'm off.

- [ ] 말도 안 되는 소리 그만해요.

- [ ] 말씀 좀 전해 주세요.

- [ ] 말은 쉽지.

- [ ] 말이 안 나오네! (놀람)

- [ ] 말이라도 해봐야지.

- [ ] 말이야 쉽지.

- [ ] 맘에 들어!

- [ ] 맙소사!

- [ ] 망쳤어.

- [ ] 맞는 말이야.

- [ ] 맞혀 보세요.

- [ ] 맡겨만 주라. / 알았어!

- [ ] 맹세할게.

- [ ] 머리 모양을 어떻게 할 수가 없어요.

- [ ] 머리 조심!

- [ ] 머리가 빙빙 도는 것 같아요.

- [ ] 먼저 퇴근할게요.

323 ☐ **After you.**

324 ☐ **Far-out!**

325 ☐ **Doesn't that sound great?**

326 ☐ **Can I leave a message?**

327 ☐ **May I take a message?**

328 ☐ **What time are you open till?**

329 ☐ **How late are you open?**

330 ☐ **(You) Got me.**

331 ☐ **Don't know.**

332 ☐ **Don't you get it?**

333 ☐ **Never know.**

334 ☐ **What's up?**

335 ☐ **You're trespassing.**

336 ☐ **What's eating you?**

337 ☐ **What got into you?**

338 ☐ **It's over my head.**

339 ☐ **I see your point, but ~.**

□ 먼저 하세요.

□ 멋지다!

□ 멋질 것 같지 않아요?

□ 메모 좀 남겨 주세요.

□ 메모를 남겨 드릴까요?

□ 몇 시까지 문을 여나요?

□ 몇 시까지 영업하나요?

□ 모르겠는데.

□ 모르겠어.

□ 모르겠어? / 이해 못하겠어?

□ 모르죠.

□ 몸은 좀 어때?

□ 무단 침입하셨군요.

□ 무슨 고민 있니?

□ 무슨 말을 하고 싶은 거예요?

□ 무슨 말인지 모르겠어요.

□ 무슨 말인지 알겠어, 그렇지만 ～.

340 ☐ I see your point.

341 ☐ What's your sign?

342 ☐ What a jerk.

343 ☐ What's the catch?

344 ☐ What happened?

345 ☐ What's wrong?

346 ☐ What gives?

347 ☐ What's the occasion?

348 ☐ What's on?

349 ☐ What for?

350 ☐ What is it for?

351 ☐ It's closing time.

352 ☐ Everything okay?

353 ☐ No trouble.

354 ☐ Definitely not.

355 ☐ Sure thing.

☐ 무슨 말인지 알겠어요.

☐ 무슨 별자리세요?

☐ 무슨 사람이 저래?

☐ 무슨 속셈이야?

☐ 무슨 일이야?

☐ 무슨 일이에요?

☐ 무슨 일인데요? / 어떻게 된 거예요?

☐ 무슨 특별한 날이에요?

☐ 무슨 프로그램이야?

   ➡ What's on the air?의 축약형. (TV)

☐ 무엇 때문에? / 무엇 때문인데요?

☐ 무엇에 쓰려고?

☐ 문 닫을 시간입니다.

☐ 문제 없니?

☐ 문제 없어요. / 괜찮아요.

☐ 물론 아니죠.

☐ 물론이지. / 그렇고말고.

356 ☐ For sure.

357 ☐ It never hurts to ask.

358 ☐ It's no big deal.

359 ☐ What do you feel like?

360 ☐ Why don't we grab something?

361 ☐ Where's the fire?

362 ☐ Excuse me?

363 ☐ Say what?

364 ☐ Holy cow!

365 ☐ Something rings a bell.

366 ☐ Something's funny.

367 ☐ What are you working on?

368 ☐ What's the deal?

369 ☐ Sorry, something's come up.

370 ☐ Sorry, I have my hands full.

371 ☐ Stop nagging me.

372 ☐ I'll put him on.

☐ 물론이지. / 정말이야.

☐ 물어본다고 해서 손해볼 것은 없어요.

☐ 뭐 그리 대수라고. / 별일 아니야.

☐ 뭐 드실래요?

☐ 뭐 좀 먹는 게 어때요?

☐ 뭐가 그리 급해요?

☐ 뭐라고 하셨지요?

☐ 뭐라고요?

☐ 뭐야 이건? / 어머나!

☐ 뭔가 생각나는 것이 있어요.

☐ 뭔가 좀 이상한데.

☐ 뭘 그렇게 열심히 해요?

☐ 뭣 때문에 이 난리야?

☐ 미안해. 갑자기 일이 생겼어.

☐ 미안해요, 지금 바빠서요.

☐ 바가지 좀 그만 긁어!

☐ 바꿔 드릴게요. (전화)

373 ☐ Have you ever been unfaithful to me?

374 ☐ That's it!

375 ☐ That hits the spot!

376 ☐ Stop goofing off.

377 ☐ Don't play the fool.

378 ☐ Let's split it.

379 ☐ Let's share it.

380 ☐ I've sprained my ankle.

381 ☐ My feet are killing me.

382 ☐ My foot's asleep!

383 ☐ Soup's on!

384 ☐ Will you treat me?

385 ☐ It can't be helped.

386 ☐ Sorry to bother you.

387 ☐ I'm really full.

388 ☐ I'm starving!

□ 바람 피운 적 있어?

□ 바로 그거야!

□ 바로 이거야! / 더할 나위 없군.

□ 바보 같은 짓 그만해요.

□ 바보같이 굴지 마세요.

□ 반반씩 나누죠.

□ 반씩 나눠요!

□ 발목을 삐었어요.

□ 발이 아파 죽겠어요.

□ 발이 저려요!

□ 밥 먹자!

  ⇒ Come and get it!도 같은 의미.

□ 밥 사 줘!

□ 방법이 없어요.

□ 방해해서 미안해요.

□ 배 불러요.

□ 배고파 죽겠어요!

389 ☐ I have a loose stomach.

390 ☐ Let's pig out!

391 ☐ Seeing is believing.

392 ☐ How rude!

393 ☐ I cram up.

394 ☐ I have an irregularity.

395 ☐ Same as usual.

396 ☐ No sweat.

397 ☐ Big deal.

398 ☐ What's new?

399 ☐ Seen worse.

400 ☐ You just wait.

401 ☐ Knock'em dead.

402 ☐ You see?

403 ☐ Shame on you!

404 ☐ I'm begging you!

405 ☐ No rain, no grain.

☐ 배탈이 났어요.

☐ 배터지게 먹자! / 실컷 먹자!

☐ 백문이 불여일견.

☐ 버릇없이! / 정말 무례하군요!

☐ 벼락치기로 한 거야.

☐ 변비예요.

☐ 별 다를 바 없어요.

☐ 별 일 아니야.

☐ 별 일 아니야. (반어적 의미로도 쓰인다.)

☐ 별 일 없지? / 요즘 어때?

☐ 별일 아니야.

☐ 보기나 해! / 구경이나 하시죠!

☐ 본때를 보여줘!

☐ 봤지? / 내가 말한 대로지?

☐ 부끄러운 줄 알아!

☐ 부탁할게요. / 제발요.

☐ 비가 내리지 않으면 수확도 없다.

406 ☐ Don't hold back.

407 ☐ Some nerve.

408 ☐ Are you seeing anyone?

409 ☐ Look who's talking.

410 ☐ It's a no-win situation.

411 ☐ You've asking for trouble.

412 ☐ That depends.

413 ☐ Don't blame me for nothing.

414 ☐ No need to rush.

415 ☐ I have diarrhea.

416 ☐ I scored.

417 ☐ I can't resist a sale.

418 ☐ You were speeding.

419 ☐ My gut's killing me.

420 ☐ Get your hands off.

421 ☐ It takes two to tango.

422 ☐ You did it an A-1 job.

☐ 빼지 마세요. / 망설이지 마세요.

☐ 뻔뻔하기는!

☐ 사귀는 사람 있어요?

☐ 사돈 남말 하는군!

☐ 사면초가로군.

☐ 사서 고생이군.

☐ 상황에 따라 다르죠. / 그때 그때 달라요.

☐ 생사람 잡지 마.

☐ 서두를 필요 없어요.

☐ 설사를 해요.

☐ 성공이야!

☐ 세일 기간에는 안 사고는 못 견디겠어.

☐ 속도 위반이에요.

☐ 속이 거북해요. / 배 아파요.

☐ 손 떼! / 신경 쓰지 마.

☐ 손뼉도 마주쳐야 소리가 나지.

☐ 솜씨가 좋네요. / 훌륭해요.

423 ☐ I'm on the wagon now.

424 ☐ I have a hangover.

425 ☐ What day are you closed?

426 ☐ Thank you for your time.

427 ☐ Time's up.

428 ☐ Times flies.

429 ☐ Got a minute?

430 ☐ Nice try.

431 ☐ Don't give me that.

432 ☐ A piece of cake!

433 ☐ Don't bother.

434 ☐ Never mind.

435 ☐ Let's party!

436 ☐ I owe you one.

437 ☐ I'm a little rusty.

438 ☐ That's baloney.

439 ☐ Nothing doing.

- [ ] 술 끊었어.

- [ ] 술이 덜 깼어요.

- [ ] 쉬는 날이 언제죠?

- [ ] 시간 내 주셔서 고맙습니다.

- [ ] 시간 다 됐다.

- [ ] 시간 정말 빠르다.

- [ ] 시간 좀 있어요?

- [ ] 시도는 좋았어요.

- [ ] 시치미 떼지 마!

- [ ] 식은 죽 먹기야.

- [ ] 신경 쓰지 마세요.

- [ ] 신경 쓰지 마세요.

- [ ] 신나게 놀아 봅시다!

- [ ] 신세졌네요.

- [ ] 실력이 예전 같지 않아요. (좀 떨어져요.)

- [ ] 실없는 소리!

- [ ] 싫어! 사양하겠어!

440 ☐ Can you make it two for $10?

441 ☐ Butt out.

442 ☐ It's nothing.

443 ☐ Nobody told me that.

444 ☐ Afraid so.

445 ☐ Don't tell a soul.

446 ☐ It doesn't quite do it for me.

447 ☐ It was enlightening.

448 ☐ Good job!

449 ☐ Well done!

450 ☐ Just great.

451 ☐ It's pretty good.

452 ☐ I'm waiting. Not yet?

453 ☐ I don't know my way around here yet.

454 ☐ Get a clue.

455 ☐ Are you still mad?

456 ☐ No way!

- [ ] 10달러에 두 개 주시면 안 될까요?

- [ ] 쓸데없이 참견하지 마세요.

- [ ] 아무 것도 아니야.

- [ ] 아무도 그런 말 안 해주던데요. / 처음 듣는 소리예요.

- [ ] (유감스럽지만) 아무래도 그런 것 같아.

- [ ] 아무한테도 말하지 마.

- [ ] 아주 그렇진 않고…. / 좀 모자라지만.

- [ ] 아주 유익했어요.

- [ ] 아주 잘했어!

- [ ] 아주 잘했어!

- [ ] 아주 좋아!

- [ ] 아주 좋아요.

- [ ] 아직 멀었어요?

- [ ] 아직 상황을 잘 모르겠어요.

- [ ] 아직도 눈치를 못 챘어?

- [ ] 아직도 화났어요?

- [ ] 안 돼! / 싫어!

457 ☐ **Speak up!**

458 ☐ **I'd better not.**

459 ☐ **Hello there!**

460 ☐ **I'm off.**

461 ☐ **I need a hug.**

462 ☐ **Safety first.**

463 ☐ **Let's play it safe.**

464 ☐ **Sure! I'll be dressed for that.**

465 ☐ **Got it.**

466 ☐ **My future stinks.**

467 ☐ **Behave yourself.**

468 ☐ **Let's talk.**

469 ☐ **That sucks.**

470 ☐ **I have a stiff shoulder.**

471 ☐ **I can go either way.**

472 ☐ **Where are you heading?**

☐ 안 들려요! / 좀더 큰소리로 말해 주세요!

☐ 안 하는 것이 낫겠어요.

☐ 안녕!

☐ 안녕히 계세요. / 먼저 퇴근할게요.

☐ 안아 주세요.

☐ 안전 제일.

☐ 안전 제일.

   ➡ play it safe 안전을 기하다, 조심하다

☐ 알았어요! 차려 입고 갈게요.

☐ 알았어요.

☐ 앞이 캄캄해요.

☐ 얌전히 있어.

☐ 얘기 좀 해요!

☐ 어, 열받아! / 정말 형편없어.

☐ 어깨가 뻐근해요.

☐ 어느 쪽이든 상관없어요.

☐ 어디 가실려구요?

473 ☐ Let's see.

474 ☐ Where were we?

475 ☐ Where to?

476 ☐ What is this amount for?

477 ☐ How do I look?

478 ☐ How was it?

479 ☐ How do you like it?

480 ☐ Anything's possible.

481 ☐ What's the choice?

482 ☐ How do I fill out this form?

483 ☐ How did it go?

484 ☐ Holy smokes!

485 ☐ You don't lift a finger to help.

486 ☐ How did you get started?

487 ☐ Says who?

488 ☐ What brought this on?

489 ☐ Not likely.

- [ ] 어디 보자….

- [ ] 어디까지 얘기했죠?

- [ ] 어디로 가면 돼요?

- [ ] 어디에 쓴 건데요? (대금 확인)

- [ ] 어때? / 어울려?

- [ ] 어땠어요?

- [ ] 어땠어요? / 어떤 것 같아요?

- [ ] 어떤 것이든 가능해요.

- [ ] 어떤 게 있어요?

- [ ] 어떻게 기재해야 하죠?

- [ ] 어떻게 됐니?

- [ ] 어떻게 된 거지?

- [ ] 어떻게 손가락 하나 까딱하지 않니? / 좀 거들지?

- [ ] 어떻게 시작하게 됐어요?

- [ ] 어떻게 알았어요? / 누가 그래요?

- [ ] 어떻게 이런 일이?

- [ ] 어림없는 소리! / 설마!

490 ☐ I've been expecting you!

491 ☐ Please come in!

492 ☐ Come on, out with it.

493 ☐ Go ahead.

494 ☐ Come on!

495 ☐ You bonehead.

496 ☐ How come?

497 ☐ No wonder.

498 ☐ When does it finish[end]?

499 ☐ When are you leaving?

500 ☐ When shall we make it?

501 ☐ Since when?

502 ☐ When will it be ready?

503 ☐ I'm turning red.

504 ☐ How many more?

505 ☐ I was sweating blood.

506 ☐ Screw you!

- [ ] 어서 오세요!

- [ ] 어서 들어와요.

- [ ] 어서 털어놔 봐.

- [ ] 어서 해. / 계속하세요.

- [ ] 어서! / 이봐! / 빨리 해 봐!

- [ ] 어이구, 이런 (멍청이)!

- [ ] 어째서?

- [ ] 어쩐지. / 그도 그럴 것이.

- [ ] 언제 끝나죠?

- [ ] 언제 떠날 예정이에요?

- [ ] 언제로 할까요?

- [ ] 언제부터? / 처음 듣는데?

- [ ] 언제쯤 다 되죠?

- [ ] 얼굴이 빨개졌어요.

- [ ] 얼마나 남았어요?

- [ ] 얼마나 속이 탔는지 몰라요. (걱정)

- [ ] 에잇! (화가 났을 때)

507 ☐ **Look here!**

508 ☐ **Get out of here.**

509 ☐ **For here or to go?**

510 ☐ **That's what I thought.**

511 ☐ **Your party is on the line.**

512 ☐ **I got piss off.**

513 ☐ **How often do the trains come?**

514 ☐ **Scoot over.**

515 ☐ **Mind (your) p's and q's.**

516 ☐ **Oh, yeah?**

517 ☐ **Good job today.**

518 ☐ **I'm having a bad day.**

519 ☐ **It's not my day.**

☐ 여기 좀 봐!

☐ 여기서 나가!

☐ 여기서 드실 건가요? 가져 가실 건가요?

☐ 역시 생각했던 대로군.

☐ 연결되었습니다. (교환을 통해서 통화할 때)

☐ 열 받아! / 정말 짜증나.

☐ 열차는 몇 분 간격으로 오나요?

☐ 옆으로 좀 가 주세요.

➡ scoot 앉은 채로 옆으로 움직이다

= Slide over. / Move over.

☐ 예의를 지켜라.

➡ psss and qsss 예절, 매너

☐ 오, 그래요?

☐ 오늘 아주 잘했어요. / 수고했어요.

➡ Good job.으로 많이 쓴다.

☐ 오늘 일진이 사나웠어요.

☐ 오늘 일진이 사납군.

520 ☐ Let's play hooky.

521 ☐ Did you wait long?

522 ☐ Long time no see.

523 ☐ I sprained my right ankle.

524 ☐ I'll take it as it comes.

525 ☐ I couldn't get you out of my mind.

526 ☐ Get dressed.

527 ☐ Come and get it!

528 ☐ What a rip-off!

529 ☐ I got soaked.

530 ☐ I'm broke.

531 ☐ Why's that?

532 ☐ Why not?

533 ☐ Why me?

534 ☐ I just feel like this.

☐ 오늘 학교 빠지고 놀자!

☐ 오래 기다렸어요?

☐ 오랜만이에요.

☐ 오른쪽 발목을 삐었어.

☐ 오면 오는 대로.

☐ 온통 당신 생각뿐이에요.

☐ 옷을 갈아입어라.

☐ 와서 먹어요!

☐ 완전히 바가지잖아!

   ➡ This shop ripped me off.

☐ 완전히 빈털터리예요.

   ➡ '완전히 젖다'라는 뜻도 있다.

☐ 완전히 파산이야.

☐ 왜 그런 거야? / 그건 또 왜?

☐ 왜 안 돼? 좋지.

☐ 왜 하필 나야?

☐ 왠지 그런 기분이 들어요.

535 ☐ What have you done for me lately?

536 ☐ Get to the point.

537 ☐ Please don't get off track.

538 ☐ I'm into baseball right now.

539 ☐ Spare me.

540 ☐ We'd like to sit together.

541 ☐ Don't I know you?

542 ☐ We better talk.

543 ☐ Why don't we eat out?

544 ☐ Have we met (before)?

545 ☐ We're doing great!

546 ☐ We can work it out.

547 ☐ We broke up.

548 ☐ We have the same interests.

549 ☐ We're got chemistry!

550 ☐ We're in sync.

☐ 요새 나한테 왜 그러는 거죠?

☐ 요점만 간단히 말하세요.

☐ 요점에서 벗어나지 마세요. / 얘기하다 옆길로 새지 말고.

☐ 요즘 야구에 푹 빠졌어.

☐ 용서해 줘요.

☐ 우리 같이 앉고 싶은데요….

☐ 우리 안면 있지 않아요?

☐ 우리 얘기 좀 해요.

☐ 우리 외식할까?

☐ 우리 전에 만난 적 있죠?

☐ 우리 지금 잘 하고 있는 거야.

☐ 우리 할 수 있어!

☐ 우리 헤어졌어요.

☐ 우린 관심사가 같네요.

☐ 우린 뭔가 통하는 것이 있어!

　➡ chemistry는 '공통점'이라는 의미.

☐ 우린 통하는 데가 있군요.

551 ☐ Go easy on the milk.

552 ☐ Do you work out?

553 ☐ I'm not athletic.

554 ☐ Lucky you!

555 ☐ Trust me with the driving.

556 ☐ Bottoms up!

557 ☐ Don't play with fire!

558 ☐ Better safe than sorry.

559 ☐ Humm. I'm not sure.

560 ☐ Mm, let me see.

561 ☐ Humm. I don't really know.

562 ☐ I'll be rooting for you.

563 ☐ I'd appreciate your feedback.

564 ☐ I'm gung-ho!

565 ☐ You bonehead.

☐ 우유는 좀… 그런데요.

➡ go easy on 삼가다

   Go easy on me! 살살해요! / 좀 봐줘요.

☐ 운동 잘 하고 있어요?

☐ 운동은 잘 못해요.

☐ 운이 좋군요!

☐ 운전은 내게 맡겨요!

☐ 원샷!

☐ 위험해. 하지 마.

☐ 유비무환.

☐ 음. 잘 모르겠는걸.

☐ 음. 좀 생각해 보자.

☐ 음…. 어디 보자….

☐ 응원할게!

☐ 의견을 말씀해 주시면 감사하겠습니다.

☐ 의욕이 가득해요.

☐ 이 바보! / 둔하긴….

566 ☐ You moron!

567 ☐ Not at this time of the day.

568 ☐ Can you please get these kids to behave?

569 ☐ Don't bring me into this.

570 ☐ This seat is taken.

571 ☐ I'm flattered.

572 ☐ This goes better with your shirt.

573 ☐ Did you taste it?

574 ☐ I'd like to return this.

575 ☐ Can you gift-wrap this?

576 ☐ Can I try this on?

577 ☐ This is so embarrassing.

578 ☐ Try this.

579 ☐ This'll do.

580 ☐ I can't put this down to expenses.

581 ☐ Will this do?

☐ 이 바보야!

☐ 이 시간대는 안됩니다.

☐ 이 아이들 좀 조용히 시켜 주세요. (시끄러울 때)

☐ 이 일에 날 끌어들이지 마세요.

☐ 이 자리는 주인이 있어요.

☐ 이거 기분 우쭐해지는 걸요. / 아부라도 듣기 좋네요.

☐ 이거 네 셔츠와 더 잘 어울린다.

☐ 이거 먹어 봤어요?

☐ 이거 반품하고 싶어요.

☐ 이거 선물용으로 포장해 주시겠어요?

☐ 이거 입어 봐도 되나요?

☐ 이거 정말 부끄러운데. / 정말 난처한 걸.

☐ 이거 한번 먹어 보세요. / 이거 한번 해 보세요.

☐ 이거면 될 것 같애.

☐ 이건 경비로 처리가 안 돼요.

☐ 이걸로 될까요?

582 ☐ I might not saying it right, but ~.

583 ☐ You've full of it.

584 ☐ Fancy meeting you here.

585 ☐ Like this?

586 ☐ I've got to go.

587 ☐ Are you free this Sunday?

Do you have time this Sunday?

What are you doing this Sunday?

588 ☐ Will you do me a favor just this once?

589 ☐ Now what?

590 ☐ Not this time.

591 ☐ Things couldn't be better.

592 ☐ That's that.

593 ☐ That's weird.

That's not right.

594 ☐ Tell you what?

595 ☐ Case closed.

□ 이게 맞는 말인지는 모르겠지만….

□ 이런 거짓말쟁이 같으니라고!

□ 이런 데서 당신을 다 만나다니!

□ 이렇게?

□ 이만 가봐야겠어요.

□ 이번 주 일요일에 시간 있어요?

□ 이번 한번만 좀 들어주시겠어요?

□ 이번에는 또 뭐야?

□ 이번엔 안 돼.

□ 이보다 더 좋을 순 없어요.

□ 이상 끝. / 결정했어요.

□ 이상하군요.

□ 이상하네. / 희한하네….

□ 이야기할 게 있는데.

□ 이제 그만해!

596 ☐ I see.

597 ☐ I've had it.

598 ☐ Let's move.

599 ☐ You got it!

600 ☐ I got it.

601 ☐ That's the way it goes.

602 ☐ That will do for now.

603 ☐ Don't waste your breath.

604 ☐ Your breath smells.

605 ☐ Get over it.

606 ☐ Says you!

607 ☐ Not to brag about anything, but ~.

608 ☐ Please wait to be seated.

609 ☐ You asked for it.

610 ☐ Keep the change.

611 ☐ Be good.

612 ☐ Good choice.

- [ ] 이제 알겠다.

- [ ] 이제 지겨워요. / 참는 것도 한계가 있어.

- [ ] 이제 출발하죠.

- [ ] 이해했구나! / 바로 그거야!

- [ ] 이해했어. / 알겠어!

- [ ] 인생이란 것이 다 그런 거죠.

- [ ] 일단 이렇게 하면 돼요.

- [ ] 입만 아프지. / 소용 없어요.

- [ ] 입에서 냄새 나.

- [ ] 잊어버려. / 적당히 넘어가.

- [ ] 자기 멋대로 말하는군.

- [ ] 자랑하려는 것은 아니지만 ~.

- [ ] 자리를 안내할 때까지 기다려 주세요.

- [ ] 자업자득.

- [ ] 잔돈은 필요없어요. / 잔돈은 가져요.

- [ ] 잘 갔다 와! / 잘 있어!

- [ ] 잘 골랐어요.

613 ☐ I'll cross my fingers.

614 ☐ Good guess.

615 ☐ Good grub!

616 ☐ Good buy.

617 ☐ You can't beat that.

618 ☐ Sleep tight.

619 ☐ Take care.

620 ☐ You've got it wrong.

621 ☐ You've got the wrong idea.

622 ☐ You're so off base.

623 ☐ Nice going!

624 ☐ Good going!

625 ☐ Break a leg!

626 ☐ Good for you.

627 ☐ Good job!

628 ☐ Lock it.

☐ 잘 되길 바래요.

☐ 잘 맞혔어. / 정답이야.

☐ 잘 먹었습니다.

☐ 잘 샀네요.

☐ 잘 샀어요.

☐ 잘 자요.

☐ 잘 지내.

☐ 잘못 생각하고 있어요.

☐ 잘못 생각한 것 같은데?

☐ 잘못 짚었어.

☐ 잘하고 있어!

☐ 잘한다!

☐ 잘해 봐! (행운을 빌어주며) / 성공을 빌어요!

➡ 직역인 '다리를 부러뜨리다'와는 정반대의 뜻으로 사용된다.

☐ 잘했어. / 제법인데.

☐ 잘했어요!

☐ 잠궈요.

629 ☐ Got a minute?

630 ☐ Hold on, let me get the right word ...

631 ☐ I want to take a break.

632 ☐ Do you have a minute?

633 ☐ Hang on.

634 ☐ Hold on.

635 ☐ Have fun.

636 ☐ Sounds fun.

637 ☐ What rotten luck.

638 ☐ That CD is a must-buy.

639 ☐ It's hard for me to deal with him.

640 ☐ Could you get that?

641 ☐ Put that away.

642 ☐ You know what?

643 ☐ Excuse me. There's a line here.

644 ☐ What's for dinner?

645 ☐ It's getting out of hand.

- [ ] 잠깐 시간 좀 있어요?

- [ ] 잠깐만요, 딱 맞는 말이 있는데….

- [ ] 잠시 쉬고 싶어요.

- [ ] 잠시 시간 있어요?

- [ ] 잠시만요.

- [ ] 잠시만요. (전화상에서)

- [ ] 재미있게 보내세요. / 재미있게 놀다 와.

- [ ] 재미있겠는데요.

- [ ] 재수가 없어.

- [ ] 저 CD는 꼭 사야 돼.

- [ ] 저 사람은 정말 상대하기 까다로워요.

- [ ] 저것 좀 집어 줄래요?

- [ ] 저것 치워.

- [ ] 저기 있잖아. (이야기 첫머리에서)

- [ ] 저기요. 여기가 줄인데요.

- [ ] 저녁 메뉴가 뭐예요?

- [ ] 저도 감당이 안돼요.

646 ☐ Same here.

647 ☐ I'd like to ask you out.

648 ☐ Will you go out with me?

649 ☐ You take me for somebody else.

650 ☐ Get lost.

651 ☐ Are they in your group?

652 ☐ Could you nuke it?

653 ☐ I'm in the dark.

654 ☐ Get off that phone!

655 ☐ You can count on me.

656 ☐ Certainly not.

657 ☐ You never learn.

658 ☐ Never say never.

659 ☐ It's now or never.

☐ 저도 그래요.

☐ 저랑 데이트 하실래요?

   ➡ ask someone out (데이트, 외출 등에) 사람을 불러

   내다

☐ 저랑 사귈래요?

☐ 저를 다른 사람으로 착각하셨어요.

☐ 저리 비켜! / 꺼져 버려!

☐ 저분들과 일행이세요?

☐ 전자레인지에 한번 돌려줄래요?

   ➡ nuke는 '전자 레인지에 조리하다'라는 뜻.

☐ 전혀 모르겠어. / 오리무중.

☐ 전화 좀 끊어.

☐ 절 믿으셔도 돼요.

☐ 절대 그렇지 않아. / 물론, 아니죠.

☐ 절대 모를 거야.

☐ 절대란 말은 하지 말아요.

☐ 절호의 기회다.

660 ☐ It's getting complicated.

661 ☐ Let's get this straight~.

662 ☐ You're telling me.

663 ☐ You don't mean that.

664 ☐ How nice!

665 ☐ How disgusting!

666 ☐ What a waste!

667 ☐ That's gives me goose bumps.

668 ☐ I'm having a bad hair day.

669 ☐ I'm so full!

670 ☐ I was mortified.

671 ☐ Poor thing.

672 ☐ I'm sick to death of it.

673 ☐ How convenient!

674 ☐ How true.

675 ☐ For real?

☐ 점점 더 일이 꼬이고 있어요.

☐ 정리해 보자면~.

☐ 정말 그래요.

☐ 정말 그럴 생각은 아니죠? / 진심 아니죠?

☐ 정말 근사하다!

☐ 정말 기분 더러워! / 정말 역겨워!

☐ 정말 낭비야! / 아까워라!

☐ 정말 닭살이군.

☐ 정말 되는 게 없군.

➡ 마음대로 안 된다.

☐ 정말 배불러요.

☐ 정말 분해!

☐ 정말 안됐다! / 불쌍하기도 하지.

☐ 정말 질렸어요.

☐ 정말 편리해!

☐ 정말!

☐ 정말이니?

676 ☐ I'm telling you.

677 ☐ Snap out of it!

678 ☐ Get real.

679 ☐ Don't freak out!

680 ☐ Pull yourself together.

681 ☐ You hit the nail right on the head.

682 ☐ Do you have this in my size?

683 ☐ Don't poke your nose into my business.

684 ☐ I'll get it.

685 ☐ I'll buy you lunch.

686 ☐ Damn it!

687 ☐ Let's draw straws.

688 ☐ On your mark, get set, go!

689 ☐ Have you lost your mind?

690 ☐ Can't you just meet me halfway?

691 ☐ Bless you!

☐ 정말이라니까.

☐ 정신 좀 차려라! / 기운 내!

☐ 정신 좀 차려요.

☐ 정신 차려!

☐ 정신 차려요.

☐ 정확히 맞추는군요.

☐ 제 사이즈로 이거 있나요?

☐ 제 일에 상관하지 마세요.

☐ 제가 받을게요. (전화)

☐ 제가 점심 살게요.

☐ 제기랄!

☐ 제비뽑기로 하죠.

☐ 제자리에, 준비, 땅!

☐ 제정신이니?

☐ 조금만 양보할 수 없나요?

☐ 조심하세요! (상대방이 재채기를 할 때)

692 ☐ Heads up.

693 ☐ Watch out!

694 ☐ Knock it off.

695 ☐ Go easy on me, please.

696 ☐ Something's fishy.

697 ☐ You need some R&R.

698 ☐ Could be better.

699 ☐ I hope you'll be more positive overall.

700 ☐ It's as clear as mud.

701 ☐ Okey-dokey.

702 ☐ On one condition.

703 ☐ Way to go!

704 ☐ Sounds good.

705 ☐ Sounds great.

706 ☐ Good point.

☐ 조심해! / 비켜!

☐ 조심해! / 위험해!

☐ 조용히 해! / 뚝 그쳐!

☐ 좀 봐 주세요.

☐ 좀 수상한데.

☐ 좀 쉬는 게 좋겠어요.

➡ R&R는 rest and relaxation(휴식과 릴렉스)의

줄임말.

☐ 좀더 잘할 수 있을텐데…. (마음에 들지 않음)

☐ 좀더 적극적으로 해 봐!

☐ 종잡을 수가 없어요. / 무슨 말인지 모르겠어요.

☐ 좋아.

☐ 좋아요, 하지만 조건이 하나 있어요. / 조건부로.

☐ 좋았어! / 파이팅!

☐ 좋은 생각이야.

☐ 좋은 생각이네요.

☐ 좋은 지적이에요.

707 ☐ Good question.

708 ☐ Suit yourself.

709 ☐ Any day of the week.

710 ☐ I got burned.

711 ☐ There's always tomorrow.

712 ☐ I'll take a chance.

713 ☐ All set.

714 ☐ I'm hooked.

715 ☐ I just enjoy some.

716 ☐ What's on now?

717 ☐ Are you trying to pick me up?

718 ☐ Do you have a crush on somebody

now?

719 ☐ Someone is in now.

720 ☐ Right away.

☐ 좋은 질문이야.

☐ 좋을 대로 하세요. / 마음대로 하세요.

☐ 주중 아무 때나 좋아요.

☐ 죽는 줄 알았어요.

→ get burned 화상을 입다

☐ 죽으란 법은 없잖아요. / 언제나 희망은 있어요.

☐ 죽이 되든 밥이 되든 한번 해보겠어.

☐ 준비 완료.

☐ 중독되었어. / 완전히 푹 빠져 있어!

→ be hooked on drugs 마약에 중독되다

☐ 즐기는 정도예요. / 조금 해요.

☐ 지금 TV 뭐해요?

☐ 지금 나 헌팅하는 거예요?

☐ 지금 누구 좋아하는 사람 있어요?

☐ 지금 누군가 안에 있어요.

☐ 지금 당장.

721 ☐ I want it longer.

722 ☐ I'll get right on it.

723 ☐ I'm available.

724 ☐ Where are you calling from?

725 ☐ Where are we now?

726 ☐ He's not at his desk.

727 ☐ He is not available.

728 ☐ I'm out of shape.

729 ☐ Everything's going well so far.

730 ☐ So far, so good.

731 ☐ Better late than never.

732 ☐ That's disgusting.

733 ☐ Let bygones be bygones.

734 ☐ Well said.

735 ☐ Sorry it's messy.

736 ☐ I mean it.

737 ☐ You mean it?

- [ ] 지금 머리 기르는 중이에요.

- [ ] 지금 바로 할게.

- [ ] 지금 사귀는 사람 없어요.

- [ ] 지금 어디서 전화하시는 거예요?

- [ ] 지금 어디쯤 왔죠?

- [ ] 지금 자리에 안 계신데요.

- [ ] 지금 자리에 없어요.

- [ ] 지금 제 꼴이 말이 아니에요.

- [ ] 지금까지는 별 문제 없이 진행되고 있어요.

- [ ] 지금까지는 좋아요.

- [ ] 지금이라도 시작하는 것이 나아요.

- [ ] 지긋지긋해.

- [ ] 지난 일은 잊어버려.

- [ ] 지당하신 말씀!

- [ ] 지저분해서 미안해요.

- [ ] 진심이야. / 정말이야.

- [ ] 진심이야?

738 ☐ Calm down!

739 ☐ Get hold of yourself.

740 ☐ Cool it!

741 ☐ Slow down.

742 ☐ I'll send you home.

743 ☐ That's the pits.

744 ☐ Totally stylish.

745 ☐ Can you give me a ride?

746 ☐ We have a flat tire.

747 ☐ Do you wanna(= want to) do tea?

748 ☐ I'd rather not.

749 ☐ What nerve!

750 ☐ That takes the cake.

751 ☐ Butt out!

752 ☐ I have to draw the line somewhere.

753 ☐ Take your time.

754 ☐ Grow up!

☐ 진정해!

☐ 진정해봐.

☐ 진정해. / 침착해.

☐ 진정해요.

☐ 집까지 태워다 드릴게요.

☐ 짜증나, 정말. / 싫다, 싫어.

☐ 쫙 빼입었네요. / 멋져요.

☐ 차 좀 태워 주실래요?

☐ 차 타이어가 펑크 났어요.

☐ 차 한잔 마실래요?

☐ 차라리 하지 않는 것이 좋겠어요.

☐ 참 뻔뻔하네요!

☐ 참 잘했어.

☐ 참견하지 마세요!

☐ 참는 데도 한계가 있지.

☐ 천천히 해.

☐ 철 좀 들어라!

755 ☐ Are you inviting me?

756 ☐ Be a pal.

757 ☐ Easy does it.

758 ☐ Could you refill my coffee?

759 ☐ Let's do coffee.

760 ☐ How do you like your coffee?

761 ☐ Does coffee come with my meal?

762 ☐ I've treated myself.

763 ☐ Speak up.

764 ☐ Close call!

765 ☐ Wanna ride?

766 ☐ Clean up the table.

767 ☐ I would like an aisle, please.

768 ☐ Let's scream!

769 ☐ You bet!

770 ☐ Every little bit counts.

☐ 초대하는 거예요?

☐ 친구잖아요.

☐ 침착하게 해 보세요. / 서두르지 마세요.

☐ 커피 리필 좀 해 주세요.

☐ 커피 마시자.

☐ 커피 어떻게 드세요?

☐ 커피는 식사에 포함된 건가요?

☐ 큰 맘 먹었어요.

☐ 큰 소리로 말해 주세요.

☐ 큰일날 뻔 했어! / 겨우 살았네!

☐ 태워 줄까요?

☐ 테이블 좀 치워 주세요.

☐ 통로쪽 자리로 주세요.

☐ 튀어!

➡ scramble(긴급 발진)에서 유래.

☐ 틀림없어! / 정말이야?

☐ 티끌 모아 태산.

771 ☐ Way to go!

772 ☐ All sales go to charity.

773 ☐ I bumped my arm.

774 ☐ My arms itch.

775 ☐ Feel free to choose.

776 ☐ Take it easy.

777 ☐ My time is your time.

778 ☐ What time do you close?

779 ☐ To go.

780 ☐ Unlock it.

781 ☐ It's bleeding.

782 ☐ I'm beat.

783 ☐ Turn about is fair play.

784 ☐ Allow me.

785 ☐ Care for another?

786 ☐ That'll be the day.

787 ☐ Give me five!

□ 파이팅! / 좋았어!

□ 판매 대금은 자선 사업에 기부됩니다.

□ 팔을 부딪혔어.

□ 팔이 근질근질해요.

□ 편하게 고르세요. / 아무거나 괜찮아.

□ 편하게 생각해!

□ 편하신 시간으로. 제가 맞출게요.

□ 폐점 시간이 몇 시죠?

□ 포장해 주세요.

□ 풀어요.

□ 피가 나요.

□ 피곤해 죽겠어요. / 지쳤어요.

□ 피차 마찬가지 아니에요?

□ 하게 해 주세요.

□ 하나 더 할래요?

□ 하늘이 두 쪽 나면 모를까… (있을 수 없는 일) / 그럴 리가!

□ 하이파이브!

788 ☐ Would you like a sip?

789 ☐ Can you give me a smile, please?

790 ☐ Give it a shot.

791 ☐ I'll give it a try.

792 ☐ Take it or leave it?

793 ☐ All right.

794 ☐ That's life.

795 ☐ Don't shoot off your mouth.

796 ☐ Can we sit together?

797 ☐ You'll all talk and no action!

798 ☐ I'll have the usual.

799 ☐ When pigs fly.

800 ☐ You did it!

801 ☐ You've kind of slow.

802 ☐ Good luck!

803 ☐ Baloney!

☐ 한 입 먹어 볼래요? (음식)

☐ 한번 웃어봐요.

☐ 한번 해 봐요.

☐ 한번 해볼래요.

☐ 할 거야 안 할 거야?

☐ 할 수 없군. / 알았어.

☐ 할 수 없지 뭐. / 인생이 뭐 그렇지.

☐ 함부로 말하지 마. (잘 알지도 못하면서)

☐ 합석해도 될까요?

☐ 항상 말만 앞서지.

☐ 항상 먹던 걸로요!

　　➡ usual 늘 먹는 것, 늘 하던 것

☐ 해가 서쪽에서 뜨면 몰라도.

☐ 해냈구나!

☐ 행동이 그렇게 느려서야.

☐ 행운을 빌어! / 열심히 해!

☐ 헛소리!

804 ☐ That's baloney.

805 ☐ I want to make this work.

806 ☐ Face it.

807 ☐ That sucks.

808 ☐ I need my space.

809 ☐ No hard feelings?

810 ☐ You asked for it.

811 ☐ No doubt.

812 ☐ No refunds will be made.

813 ☐ What a relief!

814 ☐ You got me interested.

815 ☐ Don't go nuts!

816 ☐ Chill out.

817 ☐ Break a leg!

☐ 헛소리야.

→ baloney 헛소리, 쓸데없는 말

☐ 헤어지고 싶지 않아.

☐ 현실을 직시해. / 어쩔 수 없지 뭐.

☐ 형편 없어. / 순 엉터리야.

☐ 혼자 있고 싶어.

☐ 화났어? / 기분 나빠?

☐ 화를 자초하는구나.

☐ 확실해요.

☐ 환불은 안 됩니다.

☐ 휴, 다행이야. 살았어.

☐ 흥미가 생기는데요.

☐ 흥분하지 마.

☐ 흥분하지 말아요. / 진정해요.

☐ 힘내! (격려) / 성공을 빌어!

| 저자 | **小池直己 KOIKE NAOMI**

일본 히로시마대학 대학원 수료, 캘리포니아대학 로스엔젤레스대학(UCLA)의 객원연구
원을 거쳐 현재 就實대학 인문과학부 교수. NHK 교육TV의 강사도 맡고 있다.
《영어회화의 기본표현 100》(쌍송서원), 《TOEIC 영문법》, 《TOEIC 영단어》(이상 PHP연구소),
《별책 보물섬 5시간에 TOEIC 650점》(보물섬사), 《영어가 마스터되는 책》, 《리듬으로 기어
하는 영단어》(이상 東研쿠크), 《방송 영어를 교재로 한 영어 교육 연구》, 《신문 영어와 방송
영어 연구》(이상 北星堂) 등 다수의 저서가 있다. 《방송 영어의 교육적 효과에 관한 연구》로
일본 교육연구연합회에서 표창을 받았다.

TOEIC TEST NI YOKU DERU "KAIWA HYOGEN" by KOIKE Naomi
Copyright © 2005 KOIKE Naomi
All rights reserved.
Originally published in Japan by SHUFUNOTOMO CO., LTD., Tokyo.
Korean translation rights arranged with
SHUFUNOTOMO CO., LTD., Japan
through THE SAKAI AGENCY and EntersKorea Co., Ltd.

150점 더 올려주는
토익 시험에 꼭 나오는 회화 표현 800

초판발행 2006년 6월 20일
2쇄발행 2010년 5월 10일

저자 小池直己(KOIKE NAOMI)
발행인 이기선
발행처 제이플러스
121-824 서울시 마포구 망원2동 467-30
전화 02-332-8320
팩스 02-332-8321
홈페이지 www.jplus114.com
등록번호 제10-1680호
등록일자 1998년 12월 9일

ISBN 89-92215-00-2
Printed in Korea

값 7,000원

*파본은 구입하신 서점이나 본사에서 바꾸어 드립니다.